ペーテルってどんな人?

知的障害をもつ人の全体像をとらえる

シャシュティン・ヨーランソン
アンニカ・ヴァルグレン
ソルベーイ・バルイマン
著

尾添和子、山岡一信
訳

全国障害者生活支援研究会
監修

大揚社

VEM ÄR PETER? and other 5titles
by
KERSTIN GÖRANSSON&ANNIKA WALLGREN
Copyright STIFTELSEN ALA 1982
Japanese translation rigts arranged with
STIFTELSEN ALA
through japan UNI Agency, Inc,. Tokyo

全体もくじ

監修者を代表して
　――― 援助の視点に徹した、現場に役立つ理論書　6
本書を読んでいただく前に　8
日本の読者の皆様へ　16

はじめに　19

第1部　ペーテルってどんな人？―― 知的障害をもつ人の全体像
　第1章　ペーテル　22
　第2章　ペーテルの身体　27
　第3章　ペーテルの物的環境　31
　第4章　ペーテルの社会的環境　35
　第5章　ペーテルの心理　40
　第6章　相互作用　46

第2部　なぜ、そうするのでしょうか？―― 心理学から見た人間
　はじめに　52
　第1章　何かしてみて。そうすれば、あなたのことがわかるでしょう
　　　　　（行動）　54
　第2章　まわりで何が起こっているかがわかります（感覚経験）　59
　第3章　できること・知っていること（知能と知識）　64
　第4章　したいこと・感じること（感情の働き方・興味・自尊感情）　78

第5章 いろいろなことができるので、何かしたいのです。でも、
　　　何をすればいいのでしょう（意思決定）　82

第3部　体の働き──生理学から見た人間

はじめに　88
第1章　私たちの感覚　90
第2章　神経系　99
第3章　運動器官　103
第4章　内分泌系　106
第5章　向精神薬　108
第6章　知的障害の原因　111

第4部　どのように、また、なぜ、私たちは理解するのでしょうか？
　　　　──知能とその発達

第1章　知的障害とは　116
第2章　現実の認識　122
第3章　A段階　126
第4章　B段階　134
第5章　C段階　146

第5部　感情・意思・表現──感情とその働き

はじめに　158
第1章　感情の表現と理解　159
第2章　自己理解　169

第3章　興味　178

第6部　ペーテルの育った時代と制度——1980年までの援護のあらまし
　第1章　援護の過去と現在　186
　第2章　これまでをふりかえって　191
　第3章　ペーテル　196
　訳者解説　198

心理学者シーレーンとFUB付属研究所ALA　203
訳者あとがき —— 十年がかりの作業を終えて　230

監修者を代表して
援助の視点に徹した、現場に役立つ理論書

全国障害者生活支援研究会　小林　博

　知的障害者ってどんな人？と問われたとき、現場の援助者や親はどう答えるでしょうか。身近な利用者や自分の子どものことなら、あれやこれや具体的に説明することができるでしょう。しかし、知的障害の全般について「理論的」に語ることはなかなかできないのが実際のような気がします。大学に籍を置く研究者なら、理路整然と知的障害の定義や制度の現状について語ることができるかもしれません。でも、さて、目の前のこの人をどう援助するのかという実践の場からの問いには、大学教授でも答えに窮する場合が多いのではないでしょうか。現場の職員や親は、「理屈はそうかもしれないが、実際の役には立たない」と理論を敬して遠ざけ、研究者は現場に則し、現場に役立つ理論を平易に語ることが苦手です。わが国では、研究と実践が離れ離れになっていて、研究者と現場の援助者が共通の言葉を持ちにくいのが現状です。

　こうした日本の知的障害者福祉の風土の中で、本書『ペーテルってどんな人？』が出版される意義は大変大きいと思います。本書は、知的障害者の全体像をとらえるための理論的な学習書です。詳しくは、訳者の「本書を読んでいただく前に」に譲りますが、スウェーデンの知的障害者福祉の現場で、広く読まれているものです。私たち日本の援助実践者にとっても、スタンダードな教科書となりうる、とても有益な本と言えるでしょう。

　本書のなによりの特徴は、基本的には理論書でありながら、徹底して実践的な援助の立場から、知的障害者のさまざまな側面が語られていることです。研究室からではなく、まさに現場から生み出された理論書と言えます。知的障害者の社会生活をどう援助するのかという、基本姿勢がまず前提にあり、そのためにこそ、そして、そのためにのみ、知的障害者の全体像を描くとい

監修者を代表して

う視点が全体に貫かれています。

　知能や感情についての心理学的な考察や、人間の生理についての医学的な説明がていねいになされていますが、これらは説明のための説明、理論のための理論では全くありません。知的障害者の援助のために全体像を描く必要があるから、心理学や医学を用いているのだという、著者たちの実践的な潔さが行間からにじみ出ています。理論的な記述の合間に、実例が的確に盛り込まれているのも理解を大いに助けてくれています。

　もう一つの本書の特徴は、知的障害者本人を内面から理解しようという観点が一貫していることです。これは援助的視点と不即不離の関係にあるとも言えます。内面理解というのは、単に心理的な側面からのアプローチという意味ではありません。外部観察的な心理理解ではなく、本人の自己像や自己理解に焦点を当てているということです。これは、知的障害者自身の障害の自己認識ということが、援助実践にとって重要な要素になるという理論的な問題意識から発していると思われます。

　本書の一見平易な記述の背景には、スウェーデンの心理学者シーレーンの緻密な理論があります。このことについては、本書の後ろに付された訳者の「心理学者シーレーンとFUB付属研究所ALA」を是非とも参照していただきたいのですが、本書は図らずもシーレーン理論の日本で最初の紹介書という栄光を担うことになりました。実のところ監修者の私たちも、本書の訳文を検討する過程で訳者の尾添和子さんを通じてシーレーンの存在とその偉大な業績を初めて知りました。今後、シーレーンその人の著作の紹介を待ち望むところです。

　本書は訳者・尾添和子さんと山岡一信さんの十年に及ぶ執念とも言える、ねばり強い訳業によって出版の運びとなったものです。特に尾添さんの本書とその背景にあるシーレーン理論を日本に紹介したいという熱意と努力はまさに心血を注ぐという形容にふさわしいものでした。尾添さんの手元には、1980年代以降のスウェーデンの知的障害者福祉を支えたさまざまな著作・パンフレットの訳文がまだまだ大量に日の目を見ずに眠っていると聞きます。本書の刊行を機に、続刊を多いに期待したいと思います。

2000年10月

本書を読んでいただく前に

訳者代表　尾添　和子

　この邦訳の原書『ペーテルってどんな人？』シリーズは、「知的障害をもつ人を理解するための親・職員用学習書」として、ＦＵＢ（知的障害協会、日本の育成会にあたる団体）の付属研究所ＡＬＡ（アーラ、現在ではalaと表記）によって作成され、1982年に出版されました。

　ＡＬＡ（1964年設立）は、心理学者シーレーン（Kylén、68年〜80年のＡＬＡ所長）の理論に基づいて、「知的障害と、この障害をもつ人とを理解するための研究」を行ない、設立以来現在にいたるまで、本人・親・職員に対する支援を行なってきた研究所です＜注：シーレーンとＡＬＡについては、『心理学者シーレーンとＦＵＢ付属研究所ＡＬＡ』を参照＞。

　この学習書も、シーレーン理論、すなわち、「知的障害をもつ人を全体的に理解するための理論」に基づいて作成されています。原書は、80・90年代を通して、非常に多くの親・職員・援護関係者に読まれてきました。言いかえれば、本書は、スウェーデンのノーマリゼーションの「障害者観」に重要な影響を与えてきた本とも言えましょう。

　シーレーンは、ＡＬＡでの研究だけでなく、教育大学での講義や、親・職員たちへの講演も行ない、さらに、国の「86年新援護法準備委員会」のメンバーも務めました。彼は、「知的障害をもつ人に対する理解」に多大な貢献をし、施設収容の時代から近代的援護の時代への道を切り開いた心理学者として、スウェーデンの援護史では非常に高く評価されています＜注１＞。

本書を読んでいただく前に

シーレーン理論は、1974年に、博士論文『知的障害をもつ人の認識（PSY－KISKT UTVECKLINGSHÄMMADES FÖRSTÅND）』によって確立されました。その特徴は、「人と環境との相互作用」を手がかりにして、知的障害をもつ人の「全体像」をとらえようとした点にあると言えましょう。ピアジェ心理学を始めとするさまざまな心理学を取り入れて形成されたその理論は、「枠組み論（知的障害をもつ人の全体像をとらえるための視点＝全体的視点）」と、これを基盤にした「知能論・人格（パーソナリティ）論」とで構成されています。

次ページの図と説明は、彼の「枠組み論」の図解です。シーレーンの代表作で、ベストセラーとなった『人間に対する全体的視点（HELHETSSYN PÅ MÄNNISKAN）／1979年／第11版＝1994年版』から転載しました。この図は、「人間を理解するためには、**人**（その心理面と身体面）、**環境**（社会的環境と物的環境）、人と環境との**相互作用**（SAMSPEL＝サムスペール）の三要素を統合して、つまり**全体的視点**（HELHETSSYN＝ヘルヘーツスィーン）からとらえなくてはならない」ということを表わしており、シーレーンの視点が非常にわかりやすく示されているものと言えましょう＜注２＞。

この邦訳の原書は、『ペーテルってどんな人？』シリーズと呼ばれている６冊の小冊子で、シーレーン理論と、現場におけるその実践の結果をもとにして書かれました。従って、その内容も、彼の「全体的視点」＜注：次ページ参照＞に基いて、次のような構成になっています。なお、原著者のひとりヨーランソンは、1980年から現在までＡＬＡの所長を務めている、シーレーン理論の継承者です＜注：ヨーランソンについては、『日本の読者の皆様へ』と、『心理学者シーレーンとＦＵＢ付属研究所ＡＬＡ』を参照＞。

全体的視点（枠組み論図解）

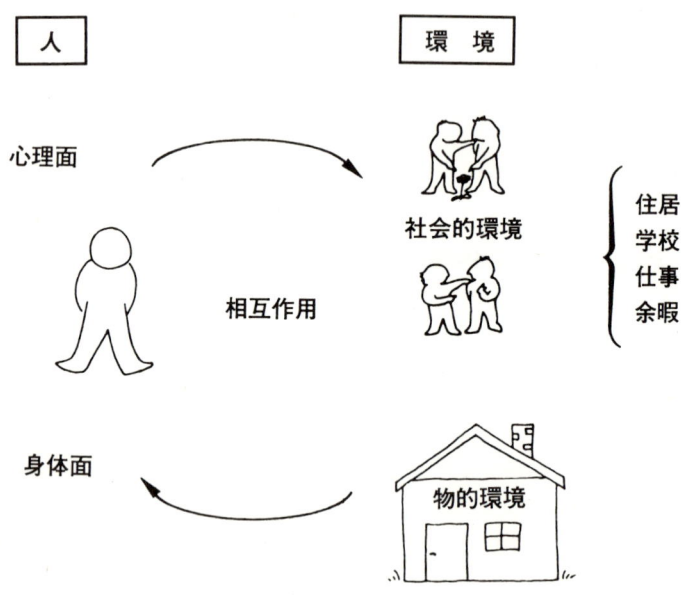

「枠組み」の全体的構造
1．心理的要素—その構造、要素間の相互作用と発達
2．身体的要素—その構造、要素間の相互作用と発達
3．環境的要素—その構造と発展
4．人と環境との相互作用

本書を読んでいただく前に

人

心理的要素
構造
1　感覚経験
2　感情
3　欲求
4　知能
5　感情の表現
6　知識
7　態度
8　自己知識
9　自尊感情
10　意思決定
11　行動

} ダイナミックスと発達

身体的要素
構造
1　生理学的素因
2　健康状態
3　身体機能
4　皮膚と粘膜
5　運動器官
6　消化器官
7　分泌腺
8　循環器
9　呼吸器
10　ホルモン機能
11　生殖器
12　神経系
13　感覚器官

} ダイナミックスと発達

環境

環境的要素
以下の要素におけるダイナミックスと発展
1　住居
2　学校
3　仕事
4　余暇

人と環境との相互作用
1　社会的相互作用
2　物的環境との相互作用
3　＜訳注：以下は、1と2を可能にする要因＞
・知的コミュニケーション
　　情報／その理解
・情緒的コミュニケーション
　　感情的働きかけ／受入れ
・社会や周囲の接し方
・物的環境の整備
・その人の「現実の認識」
　　＜訳注：第4部参照＞
・その人の満足感

本書の構成

第1部『ペーテルってどんな人？』
　　　知的障害をもつ人を理解するための全体的視点。
　　　前ページに転載した「枠組論図解」をもとにして、障害をもつ人の心理面、身体面、社会的環境、物的環境、そして、障害をもつ人と環境との相互作用が述べられています。
第2部『なぜ、そうするのでしょうか？』と第3部『体の働き』
　　　心理面と身体面を理解するための視点。
第4部『どのように、また、なぜ、私たちは理解するのでしょうか？』
　　　第2部で簡単に触れてある「知能」や「知的障害」のより詳しい説明。「知能の発達段階論（A、B、C段階）」や、「知的障害の定義」など、ピアジェの発達理論に基づいて形成されたシーレーンの知能論のわかりやすい解説ともなっています（彼の著作で、ベストセラーとなった『知能とその障害＝Begåvning och begåvningshandikapp／1981年』の内容がかなり取り入れられています）。
第5部『感情・意思・表現』
　　　第2部で簡単に触れてある「感情」や「自己理解」などが、シーレーンの人格（パーソナリティ）理論をもとにしてより詳しく説明されています。
第6部『ペーテルの育った時代と制度』
　　　全体像をとらえるためには、その人の「過去と現在」や、その社会的背景を知ることも必要であるという意味で、1980年までの援護の歴史が簡単に紹介されています。
　　　＜以上6冊の原書名は注3を参照＞

　80・90年代に、スウェーデンではさまざまな大変革が起こりました。その例として、「法律の改正」や「施設の解体」などがあげられますが、最も注

目される点は、「知的障害をもつ人の自己決定」や「本人との共同参加・共同決定」が実現し始めたということではないでしょうか。その意味で、80・90年代は、スウェーデンのノーマリゼーションが新しい段階をむかえた時代だったとも言えましょう。そして、このような変革を可能にしたのは、親・職員・援護関係者の「障害者観の変革」や、本人による「障害の理解やアイデンティティの確立」であったと考えられます。

　本書の原書は、80・90年代を通して、スウェーデンの多くの関係者に読まれ、その障害者観の形成に重要な影響を与えてきました。スウェーデンのノーマリゼーションが、どのような障害者観のもとで実現してきたかを知る一助として、この邦訳がお役に立てば幸いです。

2000年10月

＜注1＞
　シーレーン理論は、アン・バック＆カール・グルーネヴァルド編集による『援護の手引き（OMSORGSBOKEN）』の86年版、93年版、98年最新版すべてに取り入れられています。これは、親・職員、援護関係者などに広く読まれている「援護全般の手引き書」です。各分野の専門家が執筆し、数年ごとに改訂されます。なお、本書の原書『ペーテルってどんな人？』シリーズは、86年版、93年版の「参考文献」の中に入っています。

　知的障害をもつ人に接するときの手引き書として、スウェーデン社会庁が1985年に発行した『Integritet－Om respekten för vuxna utvecklingsstörda』の第3章「自己決定の権利」では、シーレーンの知能論に基づいて、自己決定のあり方が述べられています。

　なお、この手引き書は、二文字理明氏によって全訳され、出版されています。＜『人間としての尊厳』／障害者人権文化室・Nプランニング／1998年＞

　シーレーンの知能論が取り入れられている部分は、邦訳p30～32。この邦訳は、スウェーデンのノーマリゼーションにおける「障害者観」を知る上でも、また、施設における本人と職員との関係を検証する上でも貴重なものと言えましょう。

＜注2＞
　シーレーンの「枠組み論」は、重い知的障害をもつ人の理解のためのものでしたが、後に、次のような略図によって、知的障害をもつ人全般に対する理解や支援の視点として利用されるようになりました。
（図右）

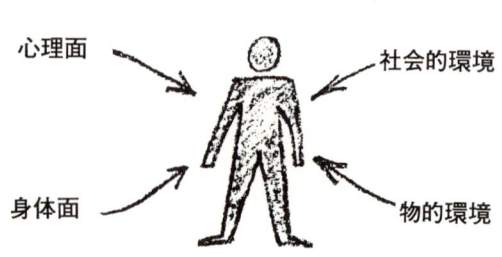

『障害と心の危機』／オーケ・ヨーハンソン著／Omsorgsförlaget発行／1985年より転載。

　この略図は、ノーマリゼーション実現の過程を理解するのにも役立つのではないかと考えられます。例えば、「①物的環境（法律や住環境）、②社会的環境（関係者や社会の障害者観）、③心理面（本人による障害の認識やアイデンティティの確立）、④身

　　　　　　　　　　　　　　　　　　　　　　本書を読んでいただく前に
体面におけるケア」が相互に作用しあい、その相乗効果によって、ノーマリゼーションが実現するといったように。

＜注3＞
　邦訳は一冊にまとめてありますが、原書は、以下の6冊の小冊子で構成され、1部から5部までは英語版も作成されています（カッコ内は英語版タイトル）。
　原書名：
1部　Vem är Peter?　（Who is Peter?）
2部　Varför gör vi det vi gör?　（Why do we do the things we do?）
3部　Kort om kroppen　（The body in brief）
4部　Hur förstår vi och varför?　（How do we understand and why?）
5部　Känsla－vilja－uttryck　（Feeling-Desire-Expression）
6部　Kort om omsorger förr och nu

日本の読者の皆様へ

原著者代表　**シャシュティン・ヨーランソン**

　ＮＨＫ厚生文化事業団創立30周年記念国際福祉シンポジウム「地域社会の中で主体的に生きるには」に参加し、日本から帰国したところでこの前書きを書いております＜訳注１＞。
　日本に滞在中には、他の国々によく知られている「日本流の厚いもてなし」を受け、また、すばらしい方々にお目にかかりました。さらに、皆様のとても美しい国を少し旅行する機会にも恵まれました。この原稿を書いていると、滞在中のことがいろいろと思い出され、とても楽しい気分になります。

　この度邦訳された『ペーテルってどんな人？』のシリーズは、グンナル・シーレーン（Gunnar Kylén）博士と、1980年から私が所長をしております研究所ＡＬＡとの「共同研究」から生まれた理論をもとにして書かれました。そして、ＦＵＢ（知的障害協会）のセヴスタホルム支部と遺産基金から費用の援助を受けて出版されました＜訳注２＞。

　私たちは、ストックホルム近郊にある成人グループホームの職員たちの協力を得てこのシリーズを作成し、知的障害をもつ生徒と両親のグループで、その内容に基づいたさまざまな教育を実践してみました。そして、知的障害をもつ人といっしょに生活する人や、この人たちに関わる仕事をする人にとって、このシリーズが、表現だけでなく内容も、現実的で理解しやすいものになっているかどうかの検証を行ないました。

　『ペーテルってどんな人？』シリーズが、日本の読者にとっても、現実的で意義のあるものになりそうなことを心よりうれしく思っております。ある意味で全く異なる文化の中で生活していても、私たちは基本的には同じ人間で

日本の読者の皆様へ

あると私は信じております。このシリーズが日本でもお役に立ちそうなことを知り、「私たちは、ひとりひとりが全く異なる個人であると同時に、文化、年齢、認識、発達、人種に関わりなく、お互いに非常によく似た点ももっている」という私の信念はいっそう強くなりました。

暗くて寒いストックホルムから、日本でお会いした皆様に──そして、いつまでも忘れることのない皆様に──敬意を表して。

ストックホルム　1990年12月

シャシュティン・ヨーランソン

講演するヨーランソン氏

＜注1＞
　この『日本の読者の皆様へ』は、ヨーランソン氏が、1990年11月、NHK厚生文化事業団主催のシンポジウム（東京・大阪）で、「スウェーデンの社会生活援助と自己決定」と題する講演を行ない、帰国後書かれたものです。なお、東京のシンポジウムでは、杉本好郎さん（写真右端）が本人の立場で参加されています（前ページ写真は、『国際福祉シンポジウム・ちえおくれの人の社会生活とノーマライゼーション～スウェーデンなどの諸国に学ぶ～』／NHK厚生文化事業団／1991年より転載）。

＜注2＞
　法定相続人のいない人の遺産は、遺産基金に納められ、両親の元で生活できない子供の養育や、障害をもつ人への支援に提供されています。

はじめに

　この学習書の目的は、知的障害をもつ人と接する時に、その人の全体像をとらえた上で接することができるようさまざまな情報を提供することです。

全体像をとらえる

　人間は、身体的な成熟によって、また、生活環境との相互作用によって発達していきます。従って、ある人を理解するためには、その人の身体的な個性、生活環境（物的環境と社会的環境）、心理の働き方を考え合わせてみなくてはなりません。
　要するに、現在と過去の状況も含めて、その人に関わるすべてを統合して、全体像をとらえるということが必要なのです。

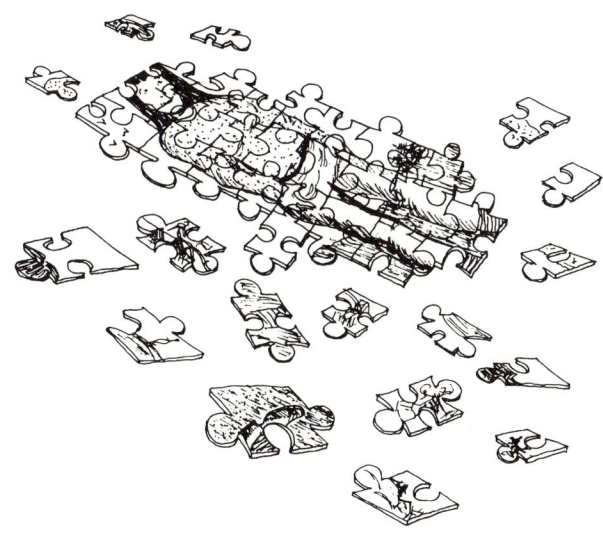

ところが、障害をもつ人たちのことになると、この人たちも、自分たちと全く同じように、環境の中で生活し、その環境から影響を受けているという点を、私たちはとかく忘れがちです。言いかえれば、障害をもつ人を、その人の全体的な状況からとらえようとせず、障害という点からのみとらえようとします。しかし、例えば、知的障害をもつ人の場合、知能の障害だけがその人のすべてではありません。知能は、私たちの行動や発達に影響を与えるさまざまな要因のひとつにすぎないのです。

　この学習書は、次のように6部に分かれています。
　　第1部　ペーテルってどんな人？―全体像をとらえる
　　第2部　なぜ、そうするのでしょうか？―心理学から見た人間
　　第3部　体の働き―生理学から見た人間
　　第4部　どのように、また、なぜ、私たちは理解するのでしょうか？
　　　　　　―知能とその発達
　　第5部　感情・意思・表現―感情とその働き
　　第6部　ペーテルの育った時代と制度

　この学習書は、グループで読むように作成されていますが、もちろん、ひとりで読んでもかまいません。また、六つの部の中のどれかひとつだけ読むということもできます。ただし、この学習書は、六つの部を全部合わせて、ひとつのまとまった内容になるよう構成されています。ひとつ以上読む場合には、上に書いてある順序で読んでください。
　最後に、読者の皆様にお願いがあります。この学習書を読んで話し合いをする時には、自分がよく知っている（知的障害をもつ）人のことを思い浮かべてください。あなたの身近なところから出発しましょう！　これは大事なことです。

第1部

ペーテルってどんな人?

知的障害をもつ人の全体像

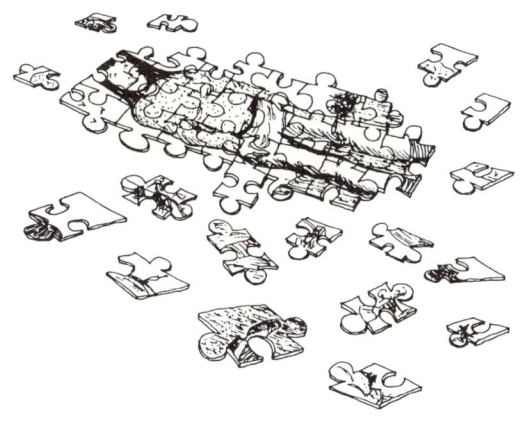

第1章
ペーテル

ペーテル（21歳）

　ある冬の朝早く、ペーテルは、住宅団地の中のグループホームがある棟から出て来ました。午前7時。彼はバスの停留所にむかって歩いて行きます。デイセンターに仕事をしに行くのです。つめたい風がふいています。帽子をきっちりと耳のところまで降ろします。再発した耳の炎症が悩みの種になっています。耳を保護しておくことが大切です。そうしないと、耳の調子がもっと悪くなってしまうでしょう。
　少し歩いた時、友だちのアーネが後から走ってきて追いつきました。アーネは寝過ごしてしまったので、ペーテルは彼を待たずに先に出てきたのです。

第1部 ペーテルってどんな人？

これで、いっしょに歩いて行けます。もう少しでバスの停留所に着きます。今日のように道が凍ってすべりやすくなっている朝は、アーネといっしょだと安心です。すべりやすいので、ペーテルは、アーネの腕にしっかりとつかまっています。まだ砂がまかれていないので、特に歩きにくいのです。ペーテルのように腕や足が自分の思うとおりにならない人には、体をまっすぐ立てて歩くことがなかなかできません。ペーテルは、脳性まひがあるので足を少し引きずっています。また、左の腕と手が不自由です。

ショルダーバッグの中には国語のテキストが入っています。仕事の後で、ペーテルは国語の学習サークルに出席しています。

ペーテルとアーネはあまり話をしません。朝ですし、それに、自動車の音がうるさくて、声がよく聞こえないからです。また、ペーテルには、アーネの言っていることがよく聞きとれないのです。

ペーテルとアーネは、デイセンターの木工グループで働いています。まな板や木のおもちゃをつくっています。このグループは7人です。7人が相談して作業の計画を立て、誰が何をするかを決めます。ペーテルは、紙やすりを使っておもちゃの汽車の部品をみがいています。

午前中の休憩の時に、FUB（知的障害協会）のダンスパーティのことが話題になりました。金曜日に公民館で開かれます。このグループでは、アーネの他は全員パーティに出かけます。アーネは、仕事が終ると、まっすぐ両親の家に行き、休日の間帰ってきません。つまらないなとペーテルは思います。それでも、ペーテルは公民館には行くつもりです。ペーテルはダンスが大好きです。モダンダンスもクラシックダンスも。彼はダンスのサークルにも通っていて、そこでこれらを習っています。ダンスをしに行けば、女性に会えます。他のことで女性と付き合うのは難しいとペーテルは思っています。ダンスの時にはおたがいに近寄るので、自然に話ができます。他の時には、何を話したらよいのかわかりません。それに、デイセンターの仲間の男性の中には、ペーテルが女性と話をするのを見てからかったり、また、いやな言葉でいろいろな女性のうわさをしたりする人もいるのです。

時々、ペーテルはとてもさびしくなります。実際には毎日大勢の人に会ってはいますが、ペーテルが本当にうちとけられるのはお母さんとアーネだけ

です。

　ペーテルのお母さんはこの町の別の場所に住んでいます。1週間に一度、グループホームに電話をかけてきて、ペーテルの暮らしぶりを聞きます。一方ペーテルの方も、毎週土曜日にはたいていお母さんの所に行き、いっしょに夕飯を食べ、テレビを見ます。

　ペーテルの住んでいるグループホームには、彼の他に女性が2人と男性が2人住んでいます。でも、ペーテルはアーネ以外の人とは親しくしていません。むしろ、職員と話をしたいと思っています。特に好きな職員がいるのでもなく、きらいな職員がいるわけでもありませんが、職員といっしょに町に買物に出かけたり、食事の支度を手伝ったりするのは楽しいと思っています。

　アーネとペーテルとのつき合いに言葉はほとんど必要ありません。アーネは口数がとても少ないのです。それでも、ふたりはいっしょにテレビを見ます。ふたりの友情はどちらにとっても大切です。

　アーネは引っこみ思案のほうです。自分から先に立って何かをしようとすることはめったにありません。ペーテルがどこかに出かけたいと思っても、アーネは、公民館以外の所にはほとんどいっしょに出かけません。ですから、ペーテルはひとりで自転車に乗って、商店街によく出かけます。商店街のショーウインドーを見て歩いたり、喫茶店でコーヒーを飲んだりします。このように外に出た時には、他の人に近づいて話をする勇気がありません。ペーテルは、自分が風変りに見えることを知っています。時々、他の人たちがペーテルをじろじろ見ているような気がします。それで、がまんできなくなって、その場所を離れることもあります。ペーテルは悲しい気持ちになり、歩きまわるのをやめて帰ってきます。そして、グループホームの自分の部屋でコレクションをながめます。マッチ箱と絵葉書のコレクションです。人からもらったり、休みに旅行に出かけた所で買ったものです。

　ペーテルの知的障害の程度では、町の中であれば、ある場所から別の場所へ行くということができます。一度も行ったことのない所は、初めの何回か助けてもらえば、あとは、ひとりで行けるようになります。ペーテルは、文字を読むことはできないのですが、単語や記号を見分けることはできます。そして、町のあちこちに行く時は、これを手がかりにしています。

第1部ペーテルってどんな人？

　物を買って、お金を払う時には、ちょっと工夫した方法を上手に使いこなしています。ひとりで外出して、値段の安い品物を買う時は、たいてい10クローネ札を出します。この方法が問題なのは、いくらおつりが返ってくるのかペーテルにはわからないことです。相手が正直な人であると信用するしかありません。

　いつもよりちょっと自信がもてる時には、硬貨で払ってみようとすることもあります。でも、なかなかうまくいきません。まちがってしまったり、お金を取り出しているペーテルのぎこちない手つきを見ていて、相手がいらい

25

らしてしまったりするのです。そういう時にはあきらめて、また10クローネ札を取り出します。こういうこともペーテルには難しく感じられるのです。衣料など値段が高い物を買う時には、職員の誰かがいっしょに行ってくれます。そして、買物に手間どると、その人が助けてくれます。

ペーテルは、グループホームで、職員といっしょに食事の支度をすることがよくあります。量や重さを計ったり、いろいろなレンジを扱ったりするのは苦手です。しかし、助けてもらいさえすれば、彼はかなり上手に料理ができます。

ペーテルが生活に十分満足しているとは言いきれません。じっと見つめられたり、上手にできないことがあったりすると、彼は、自分が他の人たちとは違っていると強く感じます。彼は、なぜ自分が知的障害をもっているのかを知りません。しかし、それを知ったとしても、障害や障害をもっている現実が変わるわけではありません。ただ、なぜなのかがわかれば、今までよりきっと気持ちが落ち着くでしょう。

十分とは言えなくても、ペーテルは自分の生活にかなり満足しています。グループホームでの生活は快適ですし、そこにはアーネもいます。毎日の仕事も完全にできるようになりましたし、気に入っています。それに、自分の意思で行動し、例えば、切手や絵葉書を集めたり、自分ひとりでいろいろなことをしたりしています。もっとも、誰かといっしょならもっと楽しいのでそうしたいとは思っていますが……。

考えてみること・話し合ってみること

★　ペーテルの話を読んだ後で、あなた自身について同じようなことを書いてみてください。また、あなたが一番よく知っている（知的障害をもつ）人についても書いてみましょう。

第2章
ペーテルの身体

　ペーテルは知的障害をもっています。しかし、その原因は誰にもわかりません。医学的に見て、知能に影響を与えるような特に変わった点は全く認められません。ペーテルの脳波は普通です。染色体異常などもありません。彼は、知能の発達の仕方が「ゆっくり」していただけなのです。そのため、他の子どもと同じところまで発達しなかったのです。
　脳波の「脳」は、大脳を意味しています。大脳の電気的活動を記録したものが脳波（脳電図）です。大脳のどこかが普通に働かない時には、その電気的活動にもたいていは変化が現れますので、それを脳波で知ることができます。
　知的障害の原因にはいろいろなことがあげられます。まず、統計学的な理論値では、普通の知能をもつ人の割合は約三分の一であることから、これが原因の一つにあげられています。つまり、生まれつき非常に優れた知能をもっている人が存在するのと全く同じように、生まれつき、知能が十分発達しない人も存在するということです。
　この他には、刺激の不足、精神病、染色体異常、胎児期や乳幼児期に感染した危険な伝染病、頭部外傷、大脳の形成異常、出産時の低体重などが原因としてあげられています。しかし、世界中で最も多い原因は栄養不良（失調）です。
　なぜ知的障害をもつようになったのかがわかったとしても、もちろん、障害そのものが軽くなるわけではありません。しかし、原因を知れば、本人や家族の気持ちが落ちつくことがあります。

私たちは、五感という言葉を日常語の中でよく使っています。それは、視覚、聴覚、嗅覚、味覚、皮膚感覚のことです。このうちの皮膚感覚は、温度感覚、痛覚、触覚の三つに分けることができます。また、五感の他にもあと二つ感覚があります。それは、体を動かす時に使う運動感覚と平衡感覚です。従って、私たちは全部で9種類の感覚をもっていることになります。
　感覚の働きを知ることは大切です。外界の状況がわかるのは感覚のおかげなのですから。見たり、聞いたり、においをかいだりして、つまり、感覚によって得たこと全部を手がかりにして、私たちは現実を理解しています。
　ある感覚が失われている場合、私たちはきっと次のようなことをするでしょう。まず、その感覚によって、現実についてのどんな情報を得ていたのかを考えます。そして、別の感覚によって同じ情報を得るにはどうすればよいか考えます。例えば、見ることができない場合には、対象がどのような性質かを、手で触れてみて（つまり触覚で）判断しなくてはならないといったように。
　ペーテルは耳が少し不自由です。耳の炎症を何回も起こしたせいで、鼓膜に傷が付いてしまい、聞こえにくくなったのです。それで、誰かと話をしている時、まわりの音で相手の話が全部聞きとれないことがよくあります。そういう時、相手は、彼が実際にはわかっていることであっても、わかっていないと思いこんでしまうでしょう。
　ペーテルは、脳性まひももっています。脳性まひとは、大脳の働きが一部分まひしているということです。私たちの体の動きは、大脳のいろいろな部と結びついています。従って、大脳のどこかが傷つくと、体が思うように動かなくなります。これが脳性まひです。
　ペーテルの場合、不自由なのは体の左側です。左の手と腕、それに左足が思うように動きません。そのせいで、両手を使わなくてはならない動作がうまくできません。例えば、物を運ぶ、ボタンをかける、ひもを結ぶといったような動作は。デイセンターでの昼食の時には、アーネが、食事をのせたおぼんをいつも運んでくれます。
　脳性まひという障害のせいで、ペーテルは走ることも苦手です。また、森の茂みの中や、石ころが多い海岸のデコボコした地面を歩くことも苦手です。

さらに、凍ってすべりやすくなっている地面も、思うように動ける人たちに比べると、あまりうまく歩けません。

運動機能がこのように不自由なので、ペーテルの動作はもちろんかなりぎごちなくなっています。しかし、彼の身体は、自転車に乗ったり、フォークダンスをしているおかげでとても健康です。

考えてみること・話し合ってみること

★　ペーテルは耳が少し不自由です。聞くことによって私たちはどんな情報を得ているのか考えてみましょう。眼をつぶって聞いてください！
まわりの音は何を表していますか。
　　　エンジンの音＝自動車が通りすぎること
　　　窓ガラスにパラパラとぶつかる音＝雨が降っていること
　　　声＝誰かが話していること
　　　ひずめの音＝馬が通りすぎること
　　　音楽＝誰かがレコードをかけていること

★　他の人と話をしている時、あなたの視線はどこに向いていますか。相手の眼ですか。口もとですか。私たちは、相手の話を「見る」ということを実際にはよくしています。ちょっとした実験をしてみましょう。まず、ふたり一組になって背中合せに座り、順番に、小さな声で相手に何か言ってください。次に、向かいあって同じことを言ってみて、前の場合と比べてみましょう。この実験から、耳があまりよく聞こえない人と話す時のことについて何がわかりますか。

★　この章では、脳性まひのせいで、ペーテルがうまくできない動作を何例かあげてあります。あなたもこの他に例をあげることができますか。

★　前の章（第1章）の読後の話し合いでは、あなたがよく知っている（知的障害をもつ）人のことを思い浮かべてもらいました。ところで、あ

なたは、その人の知的障害の原因を知っていますか。自分がそれを知っていること（あるいは知らないこと）をどう思いますか。

第3章
ペーテルの物的環境

　物的環境とは、その人の周囲にあるあらゆるもの、つまり、住んでいる所、働いている所、自由な時間を過ごす所などの状態のことです。
　知的障害をもつ人がどのような物的環境に居るのかについて述べる時には、その人がどんなことを理解できるのか、また、その生活環境の中でどの程度うまく生活できているのかを考えてみることが大切です。例えば、文字が読めないと、多くの情報を手に入れそこなってしまいます。そうすると、スーパーマーケットに行っても、買いたい品物の売り場がどこにあるのかよくわかりませんし、商品の包装に何と書いてあるか読めないので、自分が買いたい物かどうか見分けるのも容易ではありません。また、道を探していろいろな所へ行くのが難しくなったり、バスの行き先が読めないので、バスを利用するのも難しいなどといったことになります。
　ペーテルの住んでいるグループホームは、住宅団地の中のひとつの棟にあります。その団地は、あまり広くなく、町の中心に近い所にあります。団地内には、やわらかい色合いの3階建ての棟と遊び場があり、棟と棟との間には芝生や花壇がつくられています。団地の近くには商店街があります。グループホームそのものは普通の住居です。グループホームに住んでいる人たちは、それぞれが自分の部屋をもっていて、居間とダイニングキッチンをみんなで使っています。グループホームや団地の中、それに、この団地のまわりなら、ペーテルはどこにでも行けます。
　商店街には、自転車で10分もあれば行けます。ペーテルは、商店街へ行く道をたったひとつしか知りません。ペーテルにだけわかる目印が道にそってあるので、それを頼りにして行くのです。

まず、**自動車を売っている店**の前を通り過ぎます。その店の外に、青い文字で大きく「**自動車**」と書いてある看板があります。これが最初の目印です。次に、この看板を通り過ぎて、右に曲がります。そして少し進むと、**ホットドッグのスタンド**があり、この前を通り過ぎます。これが2番目の目印です。最後に左に曲がり、3番目の目印である**家具店**の前を通り過ぎます。すると、商店街が見えてきます。ここまで来ると、自分が住む団地の中のあちこちに行く時と同じように、道に迷わずたやすく商店街の中に入って行くことができきます。

第1部ペーテルってどんな人？

　ペーテルが通っているデイセンターは、この町の中央にあるビジネスビルの1階です。ペーテルはバスでそこへ通っています。彼は、そのバスの番号（6番）を見分けることができます。同じ停留所にいろいろなバスが来るので、番号を見分けるのは彼にとって大切なことです。デイセンターでは20人が作業をしています。そこにはセルフサービス形式の食堂があり、通所者と職員とがいっしょにこれを使っています。デイセンターでのペーテルの仕事は、木のおもちゃとまな板をつくることです。これは、脳性まひをもつペーテルに向いています。

　デイセンターから歩いて行ける所に公民館があります。ペーテルが参加している学習サークルの活動が行なわれるのはこの公民館です。また、ＦＵＢのダンスパーティが開かれるのもここです。彼は、公民館に行く時も、自転車とか徒歩で商店街へ行くのと同じ方法を使います。つまり、いろいろな目印を頼りにして行くのです。

　お母さんの所へ行く時は4番のバスに乗ります。ペーテルはこの数字も見分けられるようになっています。彼のお母さんはこの町の別の団地に住んでいます。その団地には、同じ色をした高い棟が並んでいます。ペーテルはそこでは道に迷ってしまいます。頼りにする目印がないのです。それで、お母さんがいつもバスの停留所まで迎えにきてくれます。

　さて、以上に述べたペーテルの物的環境を注意深く読むと、彼がよく行く場所は六つあることがわかります。すなわち、グループホーム、グループホームのある団地、商店街、デイセンター、公民館、お母さんの家です。

　これを私たちの場合と比べてみましょう。すると、ペーテルの物的環境がとても制限されているということがわかります。知的障害をもっているせいで、ペーテルは、他の人たちのように自由にあちこちに行くことができません。つまり、ひとりでどこにでも行けるというわけではないのです。例えば、誰かを訪ねて初めての場所にひとりで行くということはできません。口で説明されただけではその場所がよくわからないからです。しかし、だからといって、ペーテルの物的環境が広がらないということでは**ありません**。それを広げることはできます。初めての場所にいっしょに行ってくれて、そこまでの道にどんな大事な目印があるかを彼に教えてくれる人がいさえすれば

広がるのです。

考えてみること・話し合ってみること

★　私たちは誰でも目印を鎖のようにつないで使っています。どんな時に使っているでしょうか。あなたが自宅に帰る道をこの方法で説明して下さい。また、相手が知らない道を、目印の鎖を使ってお互いに説明しあってください。そして、それぞれが、相手の説明してくれた道に実際に行き、その後で、よく知らない場所ではどんな気持ちになったか言ってみましょう。説明の中に、あまり頼りにならない目印の鎖はありましたか。もしあったら、もっと役に立つようにするにはその鎖をどのように変えればよいと思いますか。

★　この章の終わりには、ペーテルがよく行く場所が六つあげられています。これをあなたの場合と比べ、どんな違いがあるかをまとめてみましょう。また、あなたが知っている（知的障害をもつ）人の物的環境とも比べてみましょう。

第4章
ペーテルの社会的環境

　人間の発達にとって非常に重要な意味をもっているのは他の人との相互作用です。私たちの生活に影響を与えているのは、とても親しい友だちから政治家までのさまざまな人たちです。

　ＡＬＡ（生活と労働への適応研究所）は、ある地域で、重度の知的障害をもつ成人を対象とした調査を行なったことがあります。この調査によると、施設に住んでいる91人のうち81人は、常に、20人以上の人たちと顔を会わせて生活していることがわかりました。この中には、施設の職員、余暇活動の指導員、教師、療法士、福祉士などは含まれて**いません**。

　これは非常に多い数だと言えます。というのは、特に知的障害をもつ人には、少数の人と親密な関係をつくれるようになることが大切だからです。このような関係が、感情の「安定した発達」の基盤となるのです。

　知的障害をもつ人がどのような社会的環境に居るのかについて述べる時には、その人に関わっているさまざまな人たちとその人との関係を見てみることも大切です。つまり、その人が誰に好意をもち、誰をきらっているのか、その人と相手とは対等な関係か、それとも、どちらかが**いつも**一方に頼っているのかなどの点を知る必要があるということです。

　また、その人は、自分の方から相手に関わろうとしているのか、自分の要求を口に出せるか、相手に気くばりをしているのかなどの点も注意深く見なければなりません。さらに、その人が、社会的環境の中で、自分の年齢に応じた望ましい経験をしているか——言いかえれば、大人として他の大人たちと交際する機会があるか——といった点も考えてみなくてはなりません。

周囲の人の中でペーテルが親密な関係をつくっているのは実際にはふたりだけです。そのうちのひとりは**お母さん**です。ペーテルが７歳の時、お父さんが亡くなり、お母さんは彼とふたりきりで生活するようになってしまいました。そして、このことはふたりの関係に大きな影響を与えています。

「じゃあ、いつものように土曜日にね」

第1部 ペーテルってどんな人？

その結びつきは固く、お互いに相手を必要しています。毎週土曜日にお母さんを訪ねるのはペーテルにとって大事なことです。また、お母さんにとっても、ペーテルの世話をしたり、ペーテルに電話をかけたりするのは大事なことです。お母さんはとても孤独な生活をしています。それに、ペーテルの他には子どももいません。

お母さんの家でいっしょにいる間、ふたりはそれほど口をきくわけではありません。お互いに1週間の出来事を話すぐらいです。話すと言っても、ほとんどお母さんがひとりでしゃべっています。何をしたか、何を食べたか、デイセンターや学習サークルの様子はどうかなどをペーテルにたずねます。それから、自分のことを話します。何をしたか、誰と会ったかなどを。

お母さんとの話がない時には、彼は、まだ残してある自分の部屋でほとんどの時間を過ごしています。そして、ひとりでいろいろなことをしています。例えば、新聞をひろい読みしたり、ラジオを聞いたり。お母さんは、ふたりで食べる夕食のごちそうをよくつくってくれます。そして、食事がすむと、いっしょにテレビを見ます。

同じグループホームに住む**アーネ**は、ペーテルのたったひとりの友だちです。アーネとのつき合いで積極的なのはペーテルの方です。ふたりでいっしょに何かする時、先に言い出すのはペーテルです。しかし、アーネをさそっていつもいっしょに行動するというわけではありません。アーネがその気にならない時には、ペーテルはひとりで行動します。

アーネの他に**グループホーム**に住んでいる人たちは、女性が2人と男性が1人です。ペーテルはその人たちと毎日顔を合わせていますが、それほど深くはつき合っていません。以前は、マリタとよくいっしょにいました。彼女は、そのグループホームの職員として働いていました。ふたりは、お互いに相手のことがよくわかり、とても気が合っていました。しかし、マリタは仕事をやめてしまいました。今いっしょにいる職員とは特に親しいわけではありません。かといって、**職員**とは話もしないというわけでもありません。ペーテルは職員といっしょにパンを焼いたり、食事の支度をすることがよくあります。また、いつもいっしょにテレビをみたり、ゲームをしたりしています。職員の中には、ペーテルのコレクションである絵葉書を、休暇で出かけ

た旅行先からよく送ってくれる人もいますし、もうひとつのコレクションであるマッチ箱を旅行からもち帰ってもってきてくれる人もいます。

　デイセンターで、ペーテルは28人の人たちと毎日顔を合せます。この中には、時々デイセンターに来る理学療法士、心理士、福祉士は含まれていません。彼の作業グループには、男性が5人、女性が2人います。そしてこの他に、男性職員が1人います。グループの作業の段取りをつけるのはこの職員です。デイセンターには、この他に、通所者が13人、作業療法士3人、所長、学習サークルの指導員が2人、料理をする女性が1人います。これだけいる人たちの中で、ペーテルが親しく付き合っているのはアーネだけです。ペーテルは、他の人たちに対して自分から積極的に親しくなろうとはしていません。

　ペーテルが毎週通っている**国語の学習サークル**には、4人の仲間とサークル指導員が1人います。このサークルの参加者は、全員がペーテルと同じデイセンターに通っています。

　ペーテルが週に1回通っている**フォークダンスのサークル**には、彼の他に9人の参加者がいます。そして、サークル指導員1人、アコーディオンをひく人1人がいます。

　月に1回、公民館で**FUBのダンスパーティ**が開かれます。ペーテルはいつも参加しています。たいていはアーネといっしょです。ダンスパーティにはかなり大勢の人たちが参加します。知的障害をもつさまざまな年齢の人も、親や職員も。平均すると、30人から40人ほどの人たちが毎回集まります。

　ペーテルの社会的環境として述べられた以上の内容をまとめてみてわかることは、いつも顔を合せている人全員の中で彼が親密な関係をつくっているのは、お母さんとアーネのふたりだけだということです。

考えてみること・話し合ってみること

★　知的障害をもつ人、特に施設に住んでいる人はいつも大勢の人たちと顔を合わせています。このことが、知的障害をもつ人にどんな影響を与

えるのか話し合ってみましょう。

★　あなたがいつも顔を合わせているのは何人ぐらいですか。そして、その人たちとはどのような関係ですか（友だち、仕事仲間など）。今の自分にはない他の付き合いもほしいと思っていますか。あまりそうしたくないのに付き合わなくてはならないとか、顔を合わせなくてはならない人はいますか。そういう時、どんな気持ちがしますか。

★　あなたにとって、友だちをもつということはどんな意味があるでしょうか。話してみましょう。

★　知的障害をもっているあなたの子どもとあなたとの親子関係は、お互いにとってどのようなものだと言えるでしょうか（読者の立場が職員などの場合も、同じように言ってみましょう）。

★　あなた自身のことや、あなたの付き合いについてペーテルの場合と比べてみてください。あなたの付き合いの範囲はペーテルの場合と違っていますか、それとも似ていますか。付き合いとか人間関係で、ペーテルにはある種の経験が欠けていますか。

第5章
ペーテルの心理

　心理について述べるということは、私たちの思考や感情、そしてその表われ方について述べるということです。例えば、私たちはなぜ悲しむのか、なぜ罪悪感をもつのか、感情はどのように発達し、また表現されるのか、思考力はどのように発達するのか、記憶はどのような働きをするのかといったように。思考についても感情についても、私たちにわかっているのは、両方ともある決まった法則に従って発達していくということ、そして、これは誰でもみな同じであるということです。

　感情は、**表現**されない限り他の人には理解されません。これは、忘れてはならない重要な点です。感情は表現されないことがあります。だからといって、何も感じていないというわけではありません。また、時には、感情の表現の仕方が普通とは違うこともあります。こういう場合、まわりの人がその人を理解するのは容易ではありません。

ペーテルは感情をどのように表現するのでしょうか

　まず、ペーテルが、どのような感情をどのように表現しているのかということから述べてみましょう。これを読むと、彼が非常に落ち着いていて、強い感情はめったに表現しないという第一印象を誰もが受けるでしょう。

　ペーテルは、たいてい自分の感情をはっきりと表現します。ただし、どう感じているかを彼の表現からは判断しにくい場合もあります。例えば、彼は商店街から帰ってきて、何も言わずにまっすぐ自分の部屋に入ってしまうことがあります。

職員は、商店街で何かあって**悲しくなった**のだろうと思い、彼の部屋に入ってみます。すると、彼は何もしないで、じっと座っています。そして、何も話そうとしません。

こういう場合、ペーテルは**攻撃的**になることもあります。雑誌や本をビリビリ破いたり、部屋に入ってきた人に「出ていけ」と叫んだり、その人をなぐったりして**怒り**を表現します。このような場合、まわりの人たちはペーテルをそのままそっとしておくしかありません。そして、時間がたってから彼に話しかけてみます。

このように部屋に閉じこもってしまう場合、彼は怒りをその直接の原因には向けません。かわりに、自分自身に向けます（それで悲しくなるのです）。また、物に向けることもあります。ところが、デイセンターで、仲間の男性が自分の悪口を言ったり、いろいろな女性のうわさ話をしたりすると、彼は**怒って**、「変なことを言うな」とその男性に直接言います。

ペーテルが**不安**を表現することはめったにありません。不安や怒り、悲しみなどをそれぞれ別の感情として区別することは彼にとって容易ではないのです。ペーテルは、いろいろな感情をひとつの同じ感情として経験しているのかもしれません。感情の区別ができないと、それぞれの感情をどのように表現すればよいのか、どのようにして静めることができるのかがわかりません。

また、ペーテルは、**好意**をはっきり表わすこともめったにありません。例えば、誰かを抱きしめるとか、口に出して言うとか。しかし、ペーテルがアーネに好意をもっていることはわかります。彼は、アーネのそばにいようとします。それに、アーネをさそって、いろいろなことをしようとしているからです。

ペーテルは自分自身のことをどう思っているのでしょうか

ペーテルの自己信頼は実際にはかなり弱いものです。彼は、自分には他の人たちと違ったところがあると思い、他の人よりも劣っていると感じています。ペーテルは、自分が他の人と違うのは脳性まひをもっていて、また、耳

も遠いせいだと思っています。そして、脳性まひをもっていることを**きらっ
ています**。一方、耳については何でもないふりをしています。それで、彼は
補聴器を使いたがらないのです。

　脳性まひと耳が遠いことは、他の人がすぐ気がつくペーテルの障害です。
これらに比べると、知的障害の方はそう簡単にはわかりません。しかし、ペ
ーテルは、自分から口に出すことはほとんどなくても、読み書き計算ができ
ないことを自分でも知っています。

　ペーテルが自分でもほこりにし、**よくできると思っている**のは、絵はがき
やマッチ箱のコレクションとダンスです。

　ダンスパーティの時、自分の顔かたちをちょっと得意に思うことが時々あ
ります。というのは、大勢の女性が彼のことをハンサムだと思っているのに
気づいているからです。また、彼は仕事もよくできると思っています。そし

て、デイセンターで自分の作業をうまくこなしているのをほこりにしています。

ペーテルの興味

以上に述べたことからわかるように、ペーテルの一番の**興味**は、コレクションとダンス、自転車に乗ることです。

ペーテルにとって知的障害はどのような意味をもつのでしょうか

知的障害をもっているせいで、ペーテルは、まず、**読み書き**を覚えることが全くできません。しかし、文字が読めなくても、単語のいくつかを丸ごと形で見分けることはできます。また、話し言葉を理解するのはもちろんのこと、自分で話すこともできます。

この他に、知的障害は、ペーテルに次のようなことをもたらしています。

数字の理解や計算が困難です。しかし、ペーテルは、いろいろなお札を区別する方法を覚えています。10クローネで足りる品物（コーヒー、丸パン、絵はがき、マッチなど）を買う時には、たいてい10クローネ札を出して払います。

時刻がわかりません。しかし、彼は、時計の針の位置を見て、仕事に出かける時刻、昼食の時刻、夕食に帰らなくてはならない時刻はわかります。ところが、土曜日か日曜日に、グループホームで午後に何か計画があって、少し早目に昼食を食べるということがあると、時計を見ても時刻がわからないので、散歩に出かけることや、商店街まで歩いて行くとか自転車で行くといったことができません。

方向感覚もよくありません。しかし、方向を示す目印を頼りにして、いろいろな場所へ行く道を覚えています。例えば、自転車で商店街へ行くことができます。また、バスに乗ってデイセンターに通ったり、お母さんの所に行ったり、公民館へ歩いて行ったりすることもできます。

レンジを使う時、ボタンをどう押せばよいのかということや、電気洗濯機機の使い方がよくわかりません。

思いがけないことが起こると、どうしたらよいのかわからなくなってしまいます。例えば、次のようなことが起きた時がそうです。——ある日、商店街で喫茶店に入ると、コーヒーを飲む時にいつも食べる丸パンが品切れになっていました。それで、他の品物に代えるか、代えるなら何にするか、それとも何も注文しないかを、ペーテルは大急ぎで決めなければなりませんでした。

ペーテルは自分の意思で行動しています

ペーテルは、自分が何をしたいのかたいていはわかっていますし、自分の意思で行動できます。また、どんな気分になったら、何をすればよいのかもだいたいわかっています。いらいらしたり退屈した時には、自転車に乗って商店街に行くか、コレクションを取り出します。これは、ペーテルが自分で物事を決められるということを意味しています。つまり、彼は、身のまわりにあるものの中から自分の気分で何かを選ぶということができるのです。ただし、デイセンターでは、自分の意思で行動することはありません。彼は、言われた通りに作業を進めるとか、決まった手順に従って仕事をするというようにしています。

考えてみること・話しあってみること

★ この章では、ペーテルが何を感じ、そしてそれをどう表現するかといったことを述べました。私たちは、他の人がどのような感情をもち、それらがどう表現されるのかを見て、自分の感情の表し方を覚えていきます。従って、**相手**が感情を表現すれば、**自分**も感情を表現しやすくなります。そして、その逆のことも言えます。

また、特定の感情については、あからさまに表現したり、その感情の原因となった相手に直接向けたりしてはいけないということも覚えてい

きます。特に、怒りや悲しみ、相手の心を傷つけるような感情がこれにあたります。

「ごきげんいかがですか」とか「お元気ですか」などと、私たちはしょっちゅう問いかけられ、これに対して、いつも同じように、「とても元気です」と答えています。本当はそうでなくても、あるいは、答える前によく考えていなくても。そして、そう答えてから相手に対して同じように問い返します。すると、相手からも、「元気です」という返事がかえってきます。たとえその人が全く元気がなかったとしても。

要するに、感情の表現を覚えられるかどうか、つまり、「感じたままを言うとどんな結果を招くか」がわかるようになるかどうかは、その人がどのような「感情的雰囲気」の中で生活しているかにかかっているのです。

ペーテルと彼の生活環境について次の点を考えてみましょう。——彼が、その環境の中で自分の感情の表し方を覚えられるようになるにはどうすればよいでしょうか。

★ 私たちは、誰でも、「痛む爪先」をもっています＜訳注：痛む爪先＝知られたくない弱みの意味。英語では、「アキレスのかかと」＞。つまり、どの人にも、自分の好きになれないところ、おそらく、それについては思い出したくもないというところがあるということです。そして、この「痛む爪先」は、多かれ少なかれ、私たちの自己信頼に影響を及ぼします。ペーテルの自己信頼はかなり弱いものです。読み書き計算ができないことを自分でも知っています。しかし、ペーテルはこのことをめったに口に出しません。それに、耳が遠いことにも触れたがりません。

ペーテルの自己信頼を強めるには、どのような援助をすればよいと思いますか。

★ 知的障害をもっているせいでペーテルには難しいことがあります。この章では、そのうちのいくつかをあげてみました。彼にとって難しいと思われることはもっとあるでしょうか。

第6章
相互作用

　環境との相互作用は、発達にとって、基本的条件という意味をもっています。私たちは周囲に働きかけ、また逆に、周囲からも働きかけを受けます。このような関係を相互作用と言います。

　私たちが周囲に働きかけを行なう時には、必ず何らかの行動が伴います。話すとか書くとか、その他の何かをするといったように。行動にはすべて目的があり、行動する人にとって何らかの意味があります。これは、忘れてはならない重要な点です。従って、まわりの人に求められるのは、その人の行動の意味を理解し、これに応えるということです。

　物的環境との望ましい**相互作用**とは、環境がどのような状態であっても、自分でさまざまな行動がとれるということです。

　その人の物的環境との相互作用について知るには、これを全体的に見ることから始めます。そして、それには、その人の行動の自由を見ていくとよいでしょう。例えば、乗物を利用したり徒歩で出かけたりした時に、自分の行きたい所にひとりで行くことができているか、もしできていないならば、それはなぜなのか、できるようになるには何が必要なのかといった点を。

　そして、このように全体的に見た後で、細かい点に入っていきます。例えば、日常生活の中で使われている普通の道具をどう使いこなしているかといった点を。

　ペーテルは、かなり自由にあちこちに行っています。デイセンターや公民館や商店街にひとりで行くことができます。また、お母さんが住んでいる団地へバスで行き、そこの停留所で降りることができます。しかし、お母さん

の家の付近は、道がわかるような所ではありません。似たような棟がたくさんあります。お母さんがいつもバスの停留所まで迎えにきてくれるので、ペーテルはお母さんの家まで行けるのです。

　グループホームのある建物の中やデイセンターでは迷うことはありません。公民館では、自分が学習サークルで使っている部屋と、ダンスをする部屋にだけは行けます。

　次に、細かい点を見ると、ペーテルは、レンジのボタンを押したり、洗濯物を仕分けたり、洗濯機を使ったりするのが苦手だということがわかります。また、脳性まひで左手が不自由なせいで、ボタンをはめたり、ひもを結んだりすることも上手にできず、服を着る時には苦労していることもわかります。

　その人の社会的環境との相互作用は、まわりの人とどのような付き合いをしているかによってわかります。従って、ここで考えてみなくてならない重要な点は、その人とまわりの人との人間関係です。具体的に言うと、他の人といっしょにいる時、その人が自分のどの面を見せているかや、友だちなどといっしょにいる時、自分の個人的な問題とか感情を表現できているか、友だちといっしょだと、自分の得意とすることをさらに発展させていくことができるかといった点です。

　そして、もうひとつの重要な点は、その人が何を望んでいるかをまわりの人は理解しているかどうか、また逆に、その人はまわりの人の気持ちを理解しているかどうかということです。

　ペーテルは、自分で話すことはもちろん相手の話を理解することもできます。言うまでもなく、これは、彼が他の人と付き合う上で役に立っています。ところが、彼は、自分の感情についてはめったに口に出して表現しません。全然別の方法で表現するか、それとも、心の中にしまいこもうとします。

　そのせいで、他の人には、ペーテルがどう感じているのかがわかりにくく、彼に対して適切な対応をするのも難しいのでしょう。

　また、彼が自分の感情をめったに表現しないことは、他の人も、ペーテル

に対して自分の感情を表現しないというもうひとつの結果をもたらしています。そして、これが原因となって、彼には、他の人の立場に立って考えることや、他の人が自分と全く同じ感情をもっているということがいっそうわかりにくくなっています。その上、自分がどんな感情をもっているのかさえもいっそうわかりにくくなっているのです。

　ペーテルは、誰かといっしょにいる時に、自分の考えがあっても、あるいは何かしたいと思っても、それに合わせるよう相手に積極的に働きかけてみようとはしません。例えば、親友のアーネが外出したくないという時、いっしょに行こうとしつこく言うこともありませんし、外出したくない理由をたずねることもありません。

「昼休みにいっしょに商店街に行かないか」

このように、ペーテルが他の人に積極的に働きかけようとしないのは、そうしても、よい結果が得られたという経験が一度もないからです。彼は、働きかければ、それだけの結果が得られるということをおそらく全く知らないのです。それどころか、他の人から働きかけられることばかりで過ごしてきたのでしょう。それで、ペーテルはそうしようとはしなくなったのです。

考えてみること・話し合ってみること

★ ペーテルが、レンジや洗濯機などを使ったり、時間を守ったりすることがもっと簡単にできるようになるには、彼の障害に合わせて物理的な環境をどのように変えればよいか、あるいは整えればよいか考えてください。

★ ペーテルは、自分がどう感じているかをめったに話しません。これは、彼自身にも他の人にも好ましい結果をもたらしていません。他の人の立場に立って考えるのが難しくなってしまったことは、彼と他の人との関係にどのような影響を与えているでしょうか。

★ 私たちは、常に、友だちや職場の仲間など、まわりの人から働きかけられているか、あるいは逆に、働きかけています。例えば、友だちといっしょに何かする時とか、職場の仲間と協力してある考えを実現させるといった時、**自分が先に立って事を進める場合もあれば、逆に、他の人が**そうする場合もあるといったように。

ペーテルは、特定のことについては自分の意思で積極的に行動しています。例えば、自転車に乗って商店街に出かけることを自分で決め、そうしています。その他のことについては他の人に従って行動しています。例えば、デイセンターでは、彼がすることを他の人が決め、彼はその通りにするだけです。自分の考えがあっても、あるいは、したいと思うことがあっても、それに合わせるよう相手に積極的に働きかけてみようとはしません。

あなたが一番深く関わっている（知的障害をもつ）人との関係を考えてみてください。あなたがたのどちらが、「働きかける人」ですか。また、どちらが、「先に立って事を進める人」ですか。
　その人と、付き合っている人たちとの関係についても同じことを考えてみましょう。

第2部

なぜ、そうするのでしょうか?

心理学から見た人間

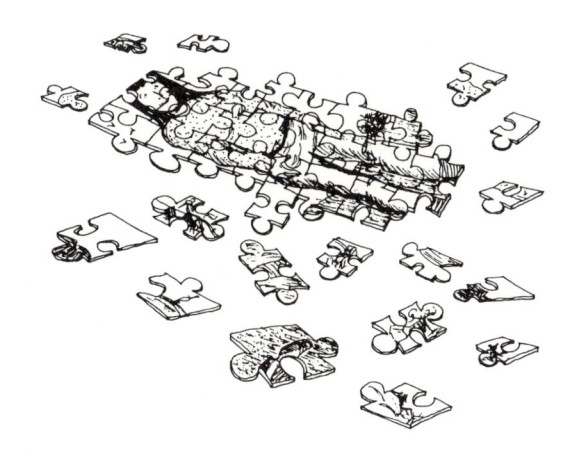

はじめに

　この第2部では、人間の心の働きを心理学に基づいてもう少しくわしく述べてみることにしましょう。「心理学（スウェーデン語でpsykologi）」という言葉はギリシャ語を語源としています＜訳注：ギリシャ語psyché＝心と、logos＝理あるいは学との合成語＞。心理学は心を研究する学問です。心というのは思考と感情のことです。

　思考と感情は直接見ることも触れることもできません。しかし、自分がどう行動するかを決めるのは思考と感情であることを私たちは知っています。他の人の行動を注意深く見ていると、その人が何を考え、どう感じているかがわかってきます。心理学では、人間の行動を研究して、思考や感情がどのように発達するのか、またどのような働きをするのかを明らかにしようとします。そうすることによって人間の行動がわかりやすくなります。また、行動の予測もできるようになりますし、さらに、人間にとってできるだけよい環境をつくろうとすることもできます。

第2部のあらまし

　他の人を理解するためには、その人の行動を注意深く見るより他に方法がありません。そこで、第2部の最初、つまり第1章では、**行動とその意味**について取り上げることにします。

　行動を起こすには、まず、自分の周囲の状況を知ることから始めなければなりません。私たちは感覚によってこれを知ります。見る、聞く、味わうといったことを通して外界についての情報を得るのです。第2章には、このような**感覚経験**が取り上げてあります。

第2部 なぜ、そうするのでしょうか？

　私たちが人間について外から直接知ることのできるのは行動と感覚経験だけです。しかし、外に表われるこの二つだけが人間のすべてではありません。例えば感覚経験にしても、これを処理し、理解できるように変えてくれるものが存在しなければ、意味をもたないのです。私たちが聞いたり見たりにおいをかいだりしたものが何であるかわかるようにしてくれるもの、それが知能なのです。第3章には、**知能**のことが短くまとめてあります。

　行動は、その気にならなければ起こすことはできません。感情は、行動を起こさせる力になっていると言われています。第4章には、**感情**が私たちにどのような影響を与えるかが簡単に述べてあります。

　私たちは、行動を始める前にその内容を決めます。自分がしたいこと、自分にできること、周囲からの要求などを考え合せて判断しなければなりません。最後の第5章には、**意思決定**という題名で、このような判断の過程が述べてあります。

第1章
何かしてみて。そうすれば、あなたのことがわかるでしょう（行動）

行動には必ず何かの意味があります

他の人を理解するよりどころとなるのはその人の**行動**です。行動は、それを起こした人にとって**必ず何かの意味**があります。人間の感情と欲求を満足させることができるのは行動だけです。ここで、行動の例をいくつかあげてみましょう。

食べる＝食べさせてもらう、あるいは、自分で食べる。
話す＝自分が考え、感じ、思っていることを他の人に説明する方法です。話せば他の人に働きかけることができます。例えば、「私はのどがかわいています」と言えば、何か飲み物がほしいという気持ちを表わすことができます。
見る＝誰かをあるいは何かを見ることによって興味を表現します。
泣く＝悲しい時、怒っている時、痛い時、他の人の関心をひきたい時などに泣きます。

行動の結果に期待しています

人が行動を起こすのは、（意識しているかいないかは別として）そうすれば、ひとつのあるいは一連の結果が得られるだろうと**期待**しているからです。
どのような行動を選び、それにどのような結果を期待するかは、その人の過去の経験によります。多くの人がほとんど同じような行動をするのは、ど

の人もあまり違わない経験をしているからです。従って、他の人の言うことを聞くか、あるいはすることを見れば、その人が何を考えているのかがすぐわかります。また、自分の行動の結果を予想して裏切られることもまずありません。

　知的障害をもつ人は、たいてい、他の人たちとはかなり違った環境の中で生活しています。そしてそのせいで違った経験をもっています。ところが、他の人たちは、この人たちに接する時、この経験の違いをいつも考えに入れているわけではありません。それで、"風変りな"ことをする人がいると、それを知的障害のせいであるかのように思いこみがちです。しかし、実際にはそうではありません。ほとんどの場合、その人は、今までの経験に忠実に従って行動しているのです。

　　　重度の知的障害をもつレーナは施設に住んでいます。ある日、皿に入れたフルーツスープがデザートに出ました。彼女は不満そうな身ぶりをして、飲もうとしません。そこで、このスープをコップに移して出すと、彼女は全部飲んで、満足した様子でした。

　レーナがこのような反応を示したのは、ジュースのようなものを皿で飲んだことが今までになかったためだと思われます。彼女の経験だと、ジュースのような液体はコップで飲むものだったのです。それで、皿に入ったスープを出された時、不満そうな身ぶりをしたのです。

　レストランで、スープがワイングラスに、ワインが皿に入れられて出てきたら、私たちもレーナと同じような反応をするでしょう！

　ところで、行動は経験だけで決まるのではありません。次の例のように、現実をどのように認識しているかによっても決まるのです。

　　　重度の知的障害をもつ12歳のクートは施設に住んでいます。ある月曜日、職員は、彼に、金曜日には家に帰れることになっていると話しました。クートはとても喜びました。火曜日と水曜日が過ぎました。クートはまだ家に帰れません。木曜日、クートは、施設にいる仲間をなぐりま

した。

　クートの知的障害の程度だと、時間について理解することができません。彼にとって、「こんどの金曜日」という表現は何の意味もありません。クートは、「こんどの金曜日」が「今すぐに」ではないことはわかっています。しかし、「そのうちに」という意味でしか理解できません。ですから、クートの「そのうちに」の理解に「こんどの金曜日」までが含まれていなかった時には、火曜日と水曜日が過ぎても何も起こらないと、家に帰ることができなくなったと失望し、また不安になってしまいます。クートは、自分の失望と不安を、他の人になぐりかかることで表現しているのです。

行動するだけの価値がなくてはなりません

　私たちが**発達**していくためには、「行動すれば、それだけのことはある」と思えるようにならなくてはなりません。言いかえれば、行動した結果が自分にとって価値のあるものになり、また、ある程度予想通りになることがどの人にも必要なのです。

　そして、例えば、**自分の考えていることを話せば**、何かよい結果が得られると思うようになるには、自分の話を誰かが関心をもって聞いてくれた経験がなくてはなりません。そういう経験がないと、「私が何を言っても無駄だ。私の言うことに関心をもってくれる人など誰もいない」と思うだけです。また、自分ひとりで何かできるということを他の人たちが信じてくれず、いつも誰かに援助されていると、自分のことを「何もできない人間だ」とすぐ思いこむようになってしまいます。例えば、知らない町に出かけてバスや地下鉄や電車に乗る、買物に行く、着る物を選ぶといったこともできないと思ってしまうのです。そうすると、主体的になることができなくなり、他の人の援助に頼らずにはいられなくなります。

　腕や足の動きを発達させる場合にも、動かせば、好ましい結果が得られるということが感覚的にはっきりとわからなければなりません。幼児は床に物を投げるのが好きです。投げた物を拾ってわたすと、また投げます。そして、

この動作を何回もくり返します。幼児があきずにこの動作をくり返す理由のひとつは、物が床に当たった時の音に夢中になるということです。このようにして、幼児は、腕を動かすことや物を握ったりすることを自然に訓練します。また、腕や手の動きを目で追うことも覚えます。

行動した結果が、自分にとって価値のあるものにならないと、行動しても**無駄**だと思うようになってしまいます。これは、「学習された無力感」と呼ばれています。

まとめ

他の人を理解するよりどころとなるのはその人の行動です。行動は、それを起こした人にとって必ず何かの意味があります。行動を起こすのは、それによってある結果が期待できるからです。私たちが発達するためには、「行動すれば、それだけのことはある」という経験をしなくてはなりません。

考えてみること・話し合ってみること

★ 第1章の初めには、行動はそれを起こした人にとって必ず何かの意味があると述べられています。あなたは同じ意見ですか。それとも、いつもそうとは限らないという例を示すことができますか。

★ 私たちが発達するためには、「行動すれば、それだけのことはある」と思える経験をしなくてはなりません。ところが、私たちはいろいろな経験をします。時には、他の人に何を言っても無駄だと思うような、あるいは、行動する勇気を失ってしまうような経験もします。例えば、誰にでも必ずあることですが、みんなの意見に自分は全く賛成できないのに、その場で反対意見を言えなかったという場合がそうです。こういう時、私たちは、たいていその場では何も言わないで、後で、親しい人に本当の気持ちを話します。しかも、このような場合、他の人たちは、賛成できない人がいたと気づくことはめったにありません。また、私たち

はこの例と逆の経験もします。自分の考えや反対意見をその場ですぐ言えたという経験はどの人にも必ずあるものです。

　賛成できないのに意見を言えなかった時のことについて書いてみましょう。あなたは、そこにいた人たちと知り合いでしたか。自分がみんなにどのような印象を与えているか気になりましたか。あるいは、自分のことをみんながどう思っているか知っていましたか。その時、みんなで何を話していましたか。

　自分の考えが言えた時のことについても同じように書いてみましょう。思ったことが言えなかった時とはどのような点で違いがあったか見つけ出してください。

　第1部に出てくるペーテルの話を思い出してみましょう。彼がデイセンターにいる時と、アーネといっしょの時とを比べてください。彼は、どのような時に最も主体的になり、また意思表示をしますか。

　あなたが知っている（知的障害をもつ）人の場合は、どのような時に最も主体的になるか考えてみましょう。その人がそうなる時とならない時では、その場の状況にどのような違いがありますか。

第2章
まわりで何が起こっているかがわかります（感覚経験）

9種類の感覚

　私たちは、感覚によって、外界についての情報を得ることができます。つまり、見る、聞く、においをかぐ、味わう、皮膚で感じるということをしています。これらが、いわゆる五感（視覚、聴覚、嗅覚、味覚、皮膚感覚）と呼ばれているものです。このうちの皮膚感覚は、温度感覚、触覚、痛覚の三つに分けられます。

　私たちには五感の他にあと二つ感覚があります。平衡感覚と運動感覚です。これらは体の状態を知らせてくれます。例えば、運動感覚は、体を動かしている時に体のそれぞれの部分がどのように動いているかを、目で見なくてもわかるよう「教えて」くれます。

　このように、私たちには全部で九種類の感覚があります。それぞれの感覚については、第3部『体の働き』の第1章＜私たちの感覚＞の中にくわしく書いてあります。

情報を全部利用するというわけではありません

　感覚器官が十分機能して大脳に情報を送っても、それが全部利用されるとは限りません。例えば、乳児の心臓の鼓動を数えて調べてみるとわかることですが、乳児は黄色と緑色を区別しています。しかし、色の違いの情報が入ってきても、その意味を理解できるだけの経験も知能もまだないので、乳児

はこの情報を利用することができません。

　また、すべての感覚器官が機能している人の場合、受け入れた情報の一部しか利用していないということもわかっています。目の不自由な人は、聴覚と皮膚感覚を「訓練」して足らないところを補います。これは、この二つの感覚器官からの信号を他の人よりも多く理解し、利用できるようになるということなのです。

「あなたの住居の問題を解決するには、もちろん、選択の道がいくつかあるわ。例えば……」

<訳注：難しい言葉でわからない情報を提供されても興味がもてないという例>

行動を注意深く見ていれば、その人が、どの感覚によって得た情報を利用しているかがわかります。

興味がもてる情報でなくてはなりません

感覚によって得た情報を利用しないというのは、その人の環境がそれを理解できるようなものになっていないということなのです。このような場合には、情報を利用することができません。例えば、理解できない言葉で話しかけられた場合には、相手が情報を提供してくれていても利用することはできません。また、自分にとって何の役にも立たない情報、興味がもてない情報も同じです。利用しません。例えば、単調な声で興味がもてない話をされても、聞くのをすぐやめてしまいます。

考えることも感じることもできます

人間について外から直接知ることができるのは行動と感覚経験だけです。しかし、人間はこれらだけで構成されているわけではありません。私たちひとりひとりを「特徴づけるもの」が別に存在しているのです。それは、考えることと感じることです。そして、これらについては、自分自身の場合をもとにして判断しなくてはなりません。つまり、他の人がどう**考え**、**感じる**か判断するには、その人と似通った行動をとった時や、同じような状況を経験した（同じ感覚経験をした）時の自分を思い出し、それを手がかりにしなければならないのです。

人間がどのように考えるのかということ、これを**知能**と呼んでいます。

まとめ

私たちは、感覚によって、外界についての情報を得ています。行動を注意深く見れば、その人が、どの感覚によって得た情報を利用したかがわかりま

す。身体的な機能が低下しているわけではないのに、このようにして得た情報を利用しない場合は、次の二つの点が（あるいは、そのどちらかが）原因になっていると言えましょう。ひとつは、その情報を理解できるような環境になっていないこと、もうひとつは、その情報に興味がもてないことです。

考えてみること・話し合ってみること

★　感覚によってどのような情報を得ているか、また感覚がおたがいにどう関係しあっているかを考えてみることはあまりありません。第1部『ペーテルってどんな人？』の第2章では、聴覚から得る情報について述べましたので、ここでは、視覚の場合を取り上げてみましょう。目が全く見えない、あるいは、ほとんど見えないということは、物が見えないことだけを意味しているのではありません。別の問題も生じます。例えば、視覚は、体の平衡を保つために必要なのです。

　目をつぶってつま先で立ち、両手を頭の上の方に伸ばしてみてください。どういうことが起こるかわかりますか。

★　見ることによって、私たちは多くの情報を得ています。例えば、話し手の身ぶりや顔の表情といったような。聞くことの場合も同じです。相手が**何を**話しているかだけでなく、声の調子で、**どのような**言い方をしているかもわかります。体を動かすことによってもいろいろな情報が得られます。例えば、部屋の様子がわかります。距離が判断できるようになり、物と物との位置関係や、自分と物との位置関係がわかります。

　ひとつ、あるいは、いくつもの感覚器官がうまく働かないと、人間の現実認識はどのような影響を受けるのか考えてみてください。

★　行動を注意深く見ると、その人がどの感覚から得た情報を利用しているかがわかります。しかし、特に、重度の知的障害をもっている人の場合には、行動をよく見ていても、それがわからないことがあります。

　もし、あなたが、重度の知的障害をもつ人を知っていたら、その人が

第2部 なぜ、そうするのでしょうか？

次のことをするのがわかりますか。どうしてわかるか思い出してみましょう。

 見る＝遠くを見る。近くを見る。色を区別する。
 聞く＝声の調子や音の強さに反応する。音がどこから聞えるのか判断する。
 味わう＝例えば、ある決まった料理を好む。
 においをかぐ＝例えば、食べ物のにおいや、排せつ物などのにおいに反応する
 温度を知る＝例えば、湯と冷たい水とを区別する。
 触れる＝例えば、体を触れあうことやなでることを好む。ざらざらした衣類をきらう。
 痛みを感じる＝体のどの部分が痛いかがわかる。
 運動感覚と平衡感覚を使う＝いろいろな動作をする。細かいことができる。

★　他の感覚経験に比べると、痛覚経験は、自分がそれをどう判断したかに大きな影響を受けます。すなわち、感じた痛みを自分がどう判断するかによって痛さはかなり違ってきます。また、痛みを感じた時の自分の状況をどう思っているか（例えば、楽しいとかつまらないとか）にも大きな影響を受けます。

　指の切り傷のように、これまで覚えのあるような、しかも危険ではないと判断できる痛みだと、私たちはそれを表現することはほとんどありません。ところが、今までに経験したことのないような頭痛といった「覚えのない痛み」を感じると、危険な症状ではないかとすぐ心配になって、はっきりと口に出して言います。このように、私たちは実際に痛みを感じても、どのくらい痛むかを表現するとは限りません。

　あなたが知っている（知的障害をもつ）人は痛みをどのように表現するか、以上の点を参考にして話し合ってみましょう。その人には、痛みを感じているはずなのに口に出さないということがありましたか。何が原因だと思いますか。

第3章
できること・知っていること（知能と知識）

知能の発達には段階があります

　知能と短期記憶だけが十分に働かない状態を「知的障害」と言います。
　知能の発達は四つの段階に分けられます。それぞれの段階の間にはっきりと線を引くことはできませんが、各段階の区別はできます。
　第2段階の知能をもつ人は写真がわかりますが、第1段階の知能をもつ人にはわかりません。第3段階の知能をもつ人は書かれた言葉が読めますが、第2段階の知能をもつ人は読めません。第4段階の知能をもつ人は、抽象的な事柄や比喩がわかります。数字を使って計算することもできます。
　誰でも、これらの段階を順に進んでいきます。跳びこえることはできません。ところで、それぞれの段階に達するのにかかる時間はひとりひとり違います。また、16歳から20歳ぐらいの間に発達は終ります。従って、どの段階で発達が終わるのかも人によって違うのです。知的障害をもつ人の場合は、知能の発達が、第1段階か第2段階あるいは第3段階で止っています。
　知的障害の原因が、脳損傷あるいは環境の場合には、知能の各部分によって発達の程度が違うことがあります（第3部『体の働き』第6章＜知的障害の原因＞参照）。例えば、第1段階の部分もあれば、第2段階までのものもある（あるいは、第2段階までの部分もあれば、第3段階までのものもある）といったように。ただし、例えば、第2段階を跳びこえて、第1段階と第3段階という組み合わせになることはまずありません。

覚えるのに長い時間がかかります

知能だけでなく短期記憶も十分働かない状態を「知的障害」と言います。従って、この障害をもつ人は一度にたくさん記憶することができません。何かを覚えるのに他の人より長い時間が必要となります。しかし、覚えこんでしまえば、障害をもたない人と同じくらいよく覚えています。

経験は重要です

知能の各段階は、知能がどのように働くかを表しているだけで、実際の年齢との**関連はありません**。例えば、知的障害をもつおとなを2歳ぐらいの人と表現したとしても、それは、2歳の幼児と同じような行動をしているという意味ではなく、その人のもつ**知能**が2歳ぐらいに相当するというだけのことなのです。その人は、2歳児よりずっと多くの経験を重ね、当然、その影響を受けてきています。従って、知的障害をもつおとなに対して、子どもと同じようだと言うのは間違いです。

A段階・B段階・C段階

知的障害について述べる時は、普通、それぞれの段階をA、B、Cで表わすことになっています（この場合、第1段階がA段階にあたります）。

A 段 階

「現在」に生きています

A段階の知能をもつ人は時間の理解に限界があります。**現在**に生きているのです。今ここにないものを思い浮かべることができません。しかし、見分けることはできます。目の前に現れれば、**自分の望んでいるものかどうか**判

断できるのです。例えば、食べ物、おかあさん、おもちゃといったように。

　毎日決まった順序でしていること、つまり、くり返し経験している場面ならば、次に何が起こるかがわかり、期待を表現することができます。その例として、ホーカンの場合をあげてみましょう。彼は、テーブルの上に食器が並べてあるのを見ると、間もなく食事であることがわかります。それで、自分の席に座り、料理が運ばれてくるまでに時間がかかると、待ちきれないという動作をします。

実物がないとわかりません

　A段階の知能をもつ人たちは写真を理解することができないので、その人がほしい物かどうかを知るには実物を目の前に置いてみなければなりません。言うまでもなく、写真に写っている物がわかるということは、例えば、リンゴの写真が本物のリンゴと同じ意味をもつということです。しかし、リンゴが写っていても、それが本物とは明らかに異なる物であることは考えてみればわかります。本物は立体ですし、写真とは全くちがった手ざわりです。それに、食べられますし……。

　A段階の知能をもつ人は、写真に写っているリンゴが本物を表していることがわかりません。写真は、模様と色が付いている紙きれにすぎないのです。

身体言語はわかります

　A段階の知能をもつ人は話し言葉も理解できません。それを信号として受け取っているだけです。いわゆる場面理解や行動理解をしているのです。これは、ある言葉の意味を、ある場面全体やその言葉に関連している行動を表わしていると理解することです。例えば、「歯ブラシ」という言葉は、歯ブラシそのものを意味しているのではなく、歯をみがくという行動を含むその場面全体を意味しているのです。

　なお、話し言葉は理解できなくても、独特の身ぶりによる身体言語は使えます。

第2部 なぜ、そうするのでしょうか？

　ベンクト・オロフは、はっきりとした身体言語を使います。ひとりでいたい時には、誰かが近づくと、指をならします。トイレに行きたい時にはそのドアの前に座りこみます。したくもないことをしなければならない時には体をかがめます。

「デザートには、アイスクリームとくだもののどちらがいいですか？」

67

知的障害をもつ人は、自分の要求や意思にまわりの人が敏感に反応してくれると、この例にあげたような身ぶりをつくり出します。そして、それを使っているうちに、ある動作とある要求を結びつけることを覚え、その動作がやがて信号となっていきます。

ひとつの行動が次の行動を導き出します

　重度の知的障害をもつ人は、いわゆる"行動の鎖"の助けを借りれば、どのように行動していけばよいかがよくわかるようになります。行動の鎖とは、ひとつの行動が次の行動につながり、それがまた次の行動につながっていくということです。ただし、行動の鎖の始まりのところで、鎖の最後の行動が何になるのかがわかっているというわけではありません。

　　バルボリは30歳の女性で、施設に住んでいます。彼女は、外出したいですかと職員にきかれると、まず、自分のコートが掛けてあるハンガーの所に行きます。そして、ちょっと手伝ってもらってコートを着ます。次に、ドアに向かって歩き、階段の方に出ます。それから外に出ます。
　　こうして外に出た時、初めて彼女は、自分が外出するのかしないのかを決めます。

　行動の鎖は、必ずしも外からの働きかけによって、例えばバルボリの場合のように、まわりの人からの言葉によって始まるとは限りません。その人自身の要求から始まることもおそらくあるでしょう。

まわりの人の接し方が大切です

　重度の知的障害をもつ人は、いろいろな行動や場面を思い浮かべることができません。そして現在だけを経験しています。従って、自分自身についての理解は、まわりの人の接し方に大きく左右されます。接し方が一貫せず、その時々で非常に違うことが多いと、その人は、分裂した自己像をもつこと

になってしまいます。

B 段 階

写真や話し言葉が理解できます

　B段階の知能をもつ人は写真や話し言葉が理解できますし、話すこともできます。写真や言葉は実物や実際の出来事を表わしているということがわかります。言葉や写真の、すなわちシンボルの助けを借りて目の前にないものでも思い浮かべることができます。ただし、その言葉や写真は、今までに見たり使ったりした経験のある物か、あるいは体験した出来事を表わしていなければなりません。そうでないと、例えば言葉の場合には、意味がわかりません。その言葉を口に出していたとしても、その人は「オウム返し」をしているということなのです。

　自分で話す時には、話に関係のある写真を使った方がよく話せます。これと似たようなことは私たちの誰にもきっとあるはずです。例えば、二、三年前の休暇のことを思い出そうという時には、何も使わないよりも、その時撮った写真を見た方がずっとよく思い出せるものです。

話すだけの価値がなくてはなりません

　話すことができても実際に話すとは限りません。実際に話すようになるには、話せば意味のある結果が得られるということがわからなくてはなりません。もし自分の要求を言葉で表現しなくても、まわりの人がそれを理解してくれるような環境で生活しているなら、話し言葉を豊かにすることができなくなるでしょう。言うまでもなく、このような環境にいる人は話し言葉を必要としません。自分の要求はとにかく理解してもらえるのですから。また、自分が言うことに誰も関心をもってくれず、何を言っても無駄だと思っている場合にも話さなくなってしまうでしょう。

いろいろな単語を見分けられるようになります

B段階の知能をもつ人は、話し言葉が理解できても書き言葉は理解できません。しかし、単語を"丸ごと"覚えることはできます。つまり、POST（郵便局）やBANK（銀行）といったような特定の文字の組み合わせを見分けられるようになるということです。並んでいる文字のひとつひとつは読めませんが、その単語全体が、ひとつの図形として、ちょうど絵文字のように見えるのです。

あしたという日があります

出来事を思い浮かべることができるので、時間についてもある程度理解できます。「きのう」という意味がわかりますし、これまでの出来事も覚えています。また、「あした」と、たぶん「あさって」も思い浮かべることができるでしょう。
　しかし、「次の月曜日に」とか「1週間以内に」、「この4月に」といった言葉はやはり苦手です。何かをした日とか、何かをすることになっている日ならばわかります。

いろいろな数があります

数や量はなかなか理解できません。いろいろな数が存在することはわかっていて、1、2、3といった数や、おそらくこれよりもっと多い数でも区別はできるでしょう。しかし、数詞が言えるとは限りません。従って、「いくつありますか」という質問に答えるのは苦手です。

実際に試してみなければなりません

実際にある物や出来事を思い浮かべることはできるのに、その応用を思い浮かべることはできません。これは、「もし〜ならば、〜になるだろう」と

いう推論ができないということです。何かをする時の結果は、実際にそうしてみなければわかりません。

方向の目印の助けを借りれば道がわかります

よく出かける所では、例えば、自分の住まいの近辺やデイセンターのある所、商店街などでは道がよくわかります。ところが、これらの区域を結びつけて、ひとつの大きな区域としてとらえることはできません。従って、例えば、住いとデイセンターとの位置関係（デイセンターまでの距離やその方向など）はわかりません。

花屋と靴屋

お知らせ：靴屋は大通りに引っ越しました。

しかし、すでに覚えている目印（目印の鎖）の助けを借りれば、ある場所から別の場所までの道がわかるようになります。この時大切なのはその順序です。最初の目印がこれで、次のがこれで、その次がこれ……といったように。目印と目印との距離や位置関係は重要では**ありません**。言いかえれば、目印の鎖が切れては困るということです。道に迷わないようにするには目印が全部**揃っていなくてはなりません**。どの方向に向かっているのかは全くわかっていないので、目印をとばして近道をすることや、目印がない道を遠回りすることはできません。

私たちはみな、このような目印の鎖を使うことがあります。例えば、今までに一度も訪ねてきたことがない人に、自分の家までの道を教える時には、目印の鎖をつくって説明するでしょう。

C 段 階

読み書き計算ができます

C段階の知能をもつ人は読み書きができます。また計算もできます。ただし、かけ算や割り算はあまり得意ではありません。それに、暗算は、知的障害をもたない人に比べると時間がかかります。従って、買物をした時に、おつりをきちんともらったかどうか確かめるのには時間がかかります。グル・ブリットは次のように言っています。

　　買物に行っておつりをもらいますよね。私が難しいと思うのは、それがいくらになるかっていうことです。私は計算があまり得意じゃないので、お店の人を信用するしかありません。でも、お店の人の計算がいつもあってるとは思っていません。それで、お店の人がおつりを計算している時はいつも見ています。まあ、少ないお金ならそんなに難しくないんですけど、お札の時はたいへんですよ。100クローネ札を出した時なんか計算についていけません。お店の人はとても早く計算しますからね。

そういう時は心配になります。それで、おつりまちがっていませんかと聞くこともあるんです。お店の人は、だいじょうぶですと言います。でも、本当にそうなのか私にはわかりません。おつりの計算ってとっても難しいと思います。(本人用学習書『私たちは知っています・知的障害とはどんなことかを』／LT出版社／ストックホルム／1979年より)

計画が立てられます

　暗算ができるということは、いろいろな考えを思い浮かべられるということです。いくつかの経験を結びつけてある結果を予想する、つまり、結論を引き出せるということなのです。
　C段階の知能をもっている場合には、いわゆる、「もし〜ならば、〜になるだろう」という推論ができるようになります。例えば、休暇の計画を立てる時には、まず、自分がしたいと思うことを選び、それだけのお金の余裕があるだろうか、日数は足りるだろうかなどと考えます。しかし、うまくいかない場合に、いくつもの解決法を考え出すか、計画を立て直すかして、それぞれを頭の中で比べてみるということをするのは難しいでしょう。

小切手はどう使うのでしょうか

　シンボルのシンボル、比喩、慣用句、ことわざはなかなか理解できません。
　シンボルのシンボルの例としてあげられるのは小切手です。キャッシュカードもそうですが、小切手はお金のシンボルです。そしてお金は、それ自体が、「買える物」のシンボルです。C段階の知能をもつ人は現金と小切手の違いがわかりません。小切手の金額に相当する預金が必要であることは理解できません。

「耳のまわりが熱くなる」というのはどういう意味なのでしょうか

　＜訳注：「耳のまわりが……」は、「腹をたてる、興奮する」などを意味するスウェ

＜デン語の慣用句＞

　比喩を理解することも苦手です。比喩を理解するには、重要な部分を引き出して、それを、理解しやすい他の場面に移しかえてみなければなりません。比喩として引かれた事柄が説明しようとする事とあまり似ていない場合には理解できなくなります。

「ここに犬が埋められている！」

＜訳注：「何だか臭いな＝怪しいな」という意味＞

ことわざや慣用的表現の場合も同じです。重要な部分、つまり本当の意味が引き出せないと、理解することはできません。ところが、本当の意味はことわざの表現上に現われているわけではありません。

C段階の知能をもつ人は、ことわざや慣用句を文字通りに解釈してしまいます。例えば、「目的達成のために<u>たたかう</u>」という表現は「なぐりあう」という意味に、また、「文章を書くのは<u>骨が折れる</u>」という表現は、「実際に骨が折れてしまう」ことだと解釈します。

まとめ

知能と短期記憶だけが十分に働かない状態を「知的障害」と言います。

知能の発達には段階があります。これらの段階は、知能がどのように働くかを表わしているだけで、実際の年齢との関連はありません。

A段階の知能をもつ人は「現在」に生きています。従って、その人がほしいものかどうかを知るにはその実物が必要です。写真や話し言葉は理解できませんが、独特の身体言語は使えます。

B段階の知能をもつ人は写真や話し言葉が理解できますし、話すこともできます。ただし、これらの可能性を実際に生かすかどうかは、「そうすれば、意味のある結果が得られる」という経験をするか否かによります。また、この段階の知能をもつ人は、目印の鎖の助けを借りれば道がわかるようになります。

C段階の知能をもつ人は読み書き計算ができます。「もし～ならば、～になるだろう」という推論もできます。シンボルのシンボルや、比喩、慣用句、ことわざは理解できません。

考えてみること・話し合ってみること

★　この章では、知能がどのようにして発達するかについて短くまとめてあります。そして、知能の発達の段階によってどんな情報が理解できるかということにも触れてあります。この点について、ここでもう一度簡

単に述べておきましょう。C段階の知能をもつ人は、経験のあるものについてなら書き言葉も話し言葉も理解できます。B段階の知能をもつ人は写真や話し言葉を理解します。A段階の知能をもつ人は理解するのに実物が必要です。従って、何かについて説明する時は、それぞれの段階に合った方法で行なわなければなりません。

　C段階の知能をもつ人に対して、「泳ぎに行く、森に散歩に行く、家にいて何かする——例えば、パンを焼く」という行動の中からひとつ選ぶことを説明するとしたら、どうすればよいでしょうか。説明する時に注意しなければならない点は何ですか。A段階やB段階の知能をもつ人にも同じことをしてみましょう！

★　知的障害をもつ人は方向感覚も十分に養われません。B段階の知能をもつ人は、自分で決めた目印を順番につないで、ある区域から別の区域への道を覚えます。この場合、目印と目印との距離や位置関係は重要ではありません。私たちも、みな、これと同じことを時々しています。知らない町に出かけた時がそうです。道をさがし出す方法として、有名な場所の絵がのっている旅行者用の地図を使うことがよくあります。これらの絵は、町の中で何がどこにあるかを知って道をさがし出すのにとても役立ちます。知的障害をもつ人の中には、普通の地図が使えない人が大勢います。そういう人にとって目印の鎖がもっと覚えやすくなる方法を何か思いつきませんか。また、町の中で道がわかりやすくなる方法を思いつきませんか。

★　C段階の知能をもつ人は慣用句を文字通りに理解します。私たちは、日常生活の中で慣用的表現をよく使います。本文の中では、「目的達成のためにたたかう」や「文章を書くのは骨が折れる」を例としてあげておきました。

　他の例もあげてみてください。そして、それらが文字通りに理解されるとしたら、どのような意味になるか話し合ってみましょう！

★　B段階の知能をもつ人は写真や話し言葉が理解できます。ただし、自分で話そうとする時には、話に関係のある写真を使った方がよく話せます。あなたは、知的障害をもつ人と話をする時に絵や写真を使ったことがありますか。

　　興味や仕事、友だちなどの話をしやすくするために絵や写真をどう使えばよいか話し合ってみましょう！

★　A段階の人たちは写真も話し言葉も理解できません。しかし、自分の感情や意思を表現する独特の身体言語を使います。

　　あなたが、重い知的障害をもつ人を知っていたら、その人は、感情や意思を「話す」時に体をどのように使って表現しているか思い出してください！

4章
したいこと・感じること（感情の働き方・興味・自尊感情）

何をするかを決める時には感情も働きます

　どのように行動するかを決めるのは知能だけでありません。これには感情も関わっています。感情がなければ、私たちは行動しないでしょう。感情は行動を起こさせる力になります。何かをしたいという気持ちにさせるのも感情の力なのです。
　感情を直接的に知ることはできません。私たちは、他の人の感情を、その行動を手がかりにして判断します。自分がそうする時にはどんな気持ちなのかということをもとにしてその人の感情を判断するのです。例えば、指をこまかく動かしている人を見れば、いらいらすると自分もそうするので、あの人はいらいらしているのだろうと思います。また、誰かと話をしている時、その相手が自分と視線を合せないとか、目を伏せる、きょろきょろするといったことをすれば、その人は落ち着かない気持ちでいるのだろうと自分自身の経験から判断します。
　感情は、必ずしも行動によって理解できるとは限りません。一日中、座りこんで体をゆすっているとか、巻き毛をいじっているという人の場合、その動作がどんな感情を表現しているのかわかりますか。
　大切なのは、感情の表現と感情そのものとを区別することです。感情は、必ずしも行動となって表われるとは限りません。

感情をどのように表現しますか

　同じ動作がいろいろな感情を表現することがあります。例えば、人を抱きしめることは、「愛情を示している」とも、「その人に触れたい」、「愛情を示してもらいたい」、「嬉しいと感じている」とも考えられるのです。

　また逆に、同じ感情がいくつもの行動で表現されることもあります。どう表わされるかは、多くの場合、その人がおかれている環境によって決まります。例えば、不安は、「過食になる」、「他の人に暴力をふるう」、「自分自身を傷つける」、「じっと座りこんで何もしない」など、人によって異なる行動で表現されます。

　感情の表し方を数多くもっている人もいますし、ほんのわずかしかもっていない人もいます。自分の感情をどのように表現するかはその人の経験によると言っても言いすぎではないでしょう。つまり、他の人が感情をどう表わすかを見て、怒りや不安などの表し方を学ぶ機会がその人にあったかどうかによるということなのです。

「どうして悲しいの？」

「悲しくないわ。私幸せよ」

どんな時に感情を表現しますか

　他の人がどういう場面でどのように自分の感情を表わすかを知ることは大切です。一口に感情と言っても、いろいろあります。最も重要な感情としてあげられるのは、喜び、怒り、不安、安心、ゆううつ、恐怖、好奇心です。
　ある行動がどのような場面で表われるのかを見れば、その行動が表現しようとしている感情を判断することができます。ただし、ある行動がどのような感情を表現しているかを知ることは、それほど簡単ではありません。

　　重度の知的障害をもつアンナは施設に住んでいます。彼女は、とても落ちつかない状態になることがよくあります。例えば、これから食事をする時、女子職員といっしょにいる時、周囲がさわがしい時、月経が始まりそうな時、初めての場所に行った時など、さまざまな場面でそうなります。彼女の場合には、空腹、喜び、不安、痛み、恐怖など全く異なる感情を、落ちつかない動作をすることで表現しているのでしょう。

自分自身のことをどう思っていますか

　場面や人に対してさまざまな感情をいだくのと同じように、私たちは、自分自身についてもさまざまなことを感じ、考えます。「自分自身のことをどう思うか」は、一般に、自尊感情と呼ばれています。
　どのような自尊感情をもつかは、その人に対する周囲の接し方によって決まります。もし、まわりの人に理解されないとしたら、その人は何もできない状態に陥ってしまうでしょう。そして、そのような自分がいやになり、低い自尊感情をもつようになってしまいます。

まとめ

　感情がなければ、行動することはできないでしょう。何かしたいという気

持ちにさせるのは感情です。私たちは、自分自身の経験によって他の人の感情を判断しています。大切なのは、その人がどんな場面で特定の感情を表わすかを知ることです。私たちは、自分自身についていろいろと感じ、考えます（自尊感情）。自分のことをどう思うかは、まわりの人の接し方によって決まります。

考えてみること・話し合ってみること

★　他の人がどんな場面で特定の感情を表わすかを知ることは大切です。うれしい時、怒っている時、悲しい時、心配な時、あなたの場合はどのように感情を表わすか考えてみましょう！

★　第1部『ペーテルってどんな人？』には、ペーテルが、自分の怒りや悲しみを、その原因となった人に対して直接表現しない時に、どのようにするかが述べてあります。

　あなたは、怒った時とか悲しくなった時、心を傷つけられた時に、その原因となった人に対して、そのような感情を直接表現することができますか。例えば、怒りを引き起こした人に向かってそれをぶつけるといったように。

　また、うれしくなった時、そう感じさせてくれた人の前でたいていその感情を表わしますか。

★　「知的障害をもつ人は、感情の表わし方がとてもストレートである」と言われることがあります。あなたもそう思いますか。知的障害をもつ人といっしょにいて、そう思ったことがあったかどうか思い出してください。もしあったら、なぜそう思ったのでしょう。

　「知的障害をもつ人は、思ったままに行動することが多い」とも言われます。なぜそう言われるのでしょうか。その理由となりそうなことを考えてみましょう。

第5章
いろいろなことができるので、何かしたいのです。でも、何をすればいいのでしょう（意思決定）

行動を決めるのは何でしょうか

　私たちは、行動を起こす前に、どのような内容の行動にするのかを決めます。決める時には、自分自身の感情だけで決める場合もありますし、まわりの人がどう思っているかということばかり考えて決める場合もあります。しかし、たいていは、自分の感情や欲求を**満足させる**だけでなく、まわりの人にも**受け入れてもらえる**ような行動を選んでいます。

周囲の要求

　自分の存在が他の人に関心をもたれていると思えるような経験をしたことがない人とか、自分の中のさまざまな感情を区別できていない人は、自分からは何もしようとせず、周囲からの許可や要求が出るまで待っているでしょう。このような人は、自分の意思ではなく、周囲の要求に従って行動します。

　ビルギッタはグループホームに住んでいます。彼女は"素直"です。自分自身で何か決めたり、不満を言ったりすることは全くありません。例えば、食事の時には、すすめられなければ、自分から手を出しません。バターもつけず何も載せないでパンを食べます。テーブルの上にいろいろなものが並んでいても、何を食べたいのか誰も聞いてくれない時には、

手を出さないのです。また、どんなに疲れていても、自分の意思で横になって眠るようなことはしません。そういう時には誰かが聞いてくれなくてはなりません。「ビルギッタ、疲れましたか？」と。そうすると、「はい」と答えますが、寝室に行こうとはしません。そのままで黙っています。そこで、しばらくしてまた聞かなくてはなりません。「それじゃ、寝たらどうですか？」と。すると、「そうします」と答えて、彼女はやっと寝室に行きます。

自分の感情と欲求

　一方、自分の存在が他の人に関心をもたれていると思えるような経験をある程度していても、「満足を得るために待つ」ということを全く知らずに過ごしてきた人は、いつでもすぐ自分の思い通りにしようとするものです。そして、一度で思い通りにならないと、もうそれで満足を得ることができないと思いこんでしまいます。
　待つ必要が全くないと、自分の意思を行動ではっきり示さなてもすむようになります。このような人が新しい環境に入ると、周囲は、その人の行動を理解することがなかなかできません。すると、その人は感情や欲求を満足させてもらえず、満足できるまでひとつの行動をくり返し、"やっかいな人"になっていきます。そして、感情だけに支配され、周囲の要求を考えに入れることもできなくなるのです。

何を選んだらよいかわかりますか

　周囲の要求も考えに入れられるようになるには、どのような行動を選べるかがその人にもわかる環境をつくっておかなくてはなりません。というのも、次のような例があるからです。
　ピアは、赤いシャツと緑のシャツのどちらを着たいのか見ただけではわかりません。どんな感じになるのか頭の中で思い浮かべることができないのです。それで、両方のシャツを着て試してみなくてはなりません。

ホーカンは、今晩、ボウリングに行くのか、劇場に行くのか自分で決められません。両方とも経験してみて初めて選べるようになるのです。経験していないことを説明されても、それを思い浮かべるのは苦手です。
　知的障害をもつ人の環境は、障害をもたない人の要求に合せてつくられています。そのため、環境を理解して自分の意思で行動するということは知的障害をもつ人にとって難しいのです。

まとめ

　私たちは、行動を起こす前に、どのような内容の行動にするのかを決めます。自分が何をしたいのか知るためには、自分の中のいろいろな感情や欲求を区別できるようになっていなければなりません。そして、感情や欲求を満足させるためには、環境が、自分に**理解**できるようなものになっていなくてはなりません。従って、知的障害をもたない人が、自分たちの都合のよいようにつくった環境は障害をもつ人には理解できないことが多いでしょう。

考えてみること・話し合ってみること

★　自分の存在が他の人に関心をもたれていると思えるような経験をしたことのない人は、自分からは何もしようとせず、周囲からの許可や要求が出るまで待っているでしょう。そして、素直で扱いやすい人とすぐ思われるようになってしまいます。
　知的障害をもつ女性が、自分の住んでいる施設の居心地を聞かれて、「『私はここが気に入っている』とみんなが言ってくれます」と答えました。この人は、本当は、何が言いたかったのか考えてみましょう。

★　「あの人はとてもやっかいで、グループにとって好ましくない。彼がどこかに移ってくれれば、みんなには一番いいことなんだけど……。」この表現、あるいは、これに似た表現を聞いたことがある人はきっと多いでしょう。誰かのことを"やっかいな人"と思う背景には何があるの

でしょうか。話し合ってください。

★ "素直な人"があまり素直でなくなり、"やっかいな人"がそれほどやっかいでなくなるためには、周囲がどのようなことをすべきでしょうか。あなたの経験から話してください！

第2部
なぜ、そうするのでしょうか？　のまとめ

　この第2部では、人間の心とその働きを心理学に基づいて述べてみました。つまり、思考や感情がどのように発達し、どのように働くのか、そして、それらは行動にどのような影響を与えるのかが述べてあります。私たちは、いろいろな感覚によって外界についての情報を得ています。しかし、**感覚経験**は、処理されて理解できるようなものに変えられなくては意味をもちません。

　このような処理をし、外界の状況がわかるようにしてくれるもの、それが**知能**です。知能と短期記憶だけが十分に働かない状態を「知的障害」と言います。

　私たちは、知能の働きで得た外界の知識をもとにして行動しています。しかし、行動に影響を与えるのは知識だけではありません。**感情**も影響を与えます。

　感情は行動を起こさせる力となります。何かしたいという気持ちにさせるのは感情なのです。感情の表われ方はさまざまです。従って、感情の表現と感情そのものとを区別することが大切です。

　私たちの行動は知識と感情の影響を受けています。私たちは、自分がしたいこと（感情）と、自分には何ができるかということ（知識）とのつりあいをとって**意思決定**を行ないます。

　そして、この決定を**行動**に移します。行動をし始めると、今度は、その行動が新たな感覚経験をもたらします。この感覚経験は知能によって処理され、また、これにともなって感情が生じます。その結果、再び、行動が始まって新たな感覚経験がもたらされます。そして、このようなくり返しが次々と続いていくのです。

第3部

体の働き

生理学から見た人間

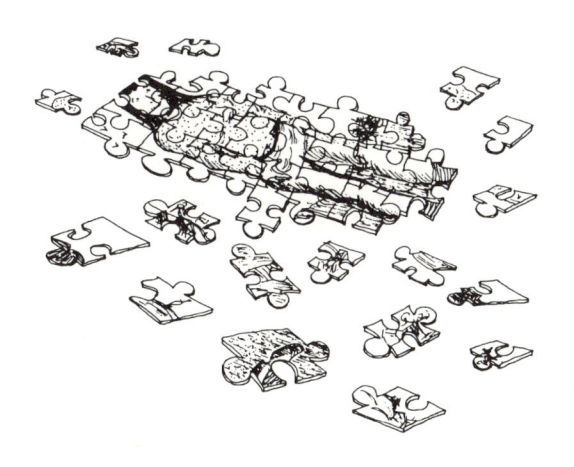

はじめに

　体は道具であると言えるでしょう。というのは、例えば、眼がなければ見えませんし、大脳がなければ考えることができません。また、筋肉がなければ、いろいろな動作ができないのですから。しかし、健康な体をもっていたとしても、私たちが何を感じ、何を考え、何をするかは体が決めているわけではありません。私たちの経験と環境が決めているのです。
　体のどこかに損傷があると、思考や感情は影響を受けるでしょう。また、うまくできなくなることもいろいろあるでしょう。
　私たちの体の働きはとても複雑です。従って、この第3部では、体の働きについて短く述べるに止めたいと思います。体のさまざまな器官は、10種類の系統に分けられますが、ここでは、そのうちの4種類を取り上げました。
　第1章には、視覚、聴覚、味覚などの**感覚**が生理学に基づいて述べてあります。感覚のおかげで、私たちは外界についての情報を得ることができます。すなわち、いろいろな音を聞いたり、色や形を見たりするのです。
　感覚器官は神経系と大脳に情報を送ります。**神経系と大脳**につい

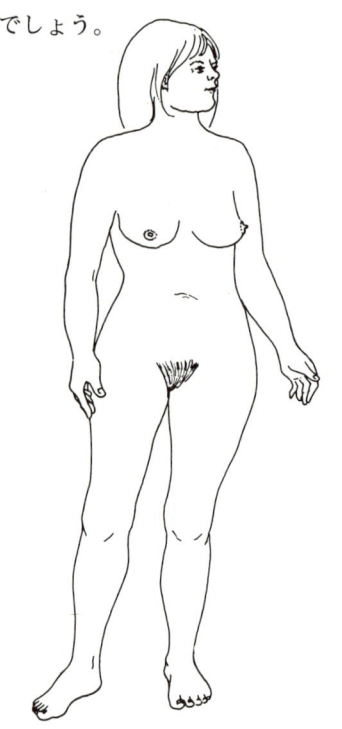

ては第2章に述べてあります。

　大脳に送られた情報は知能によって処理されます。そして、感情の働きも加わって、その情報に対して何かする必要があるかどうかが判断されます。例えば、道を歩いていて、雨が降ってきたとしましょう。すると、いくつかの感覚器官、まず、皮膚と眼が大脳に情報を送ります。そこでは、知能がその情報を処理して、「雨が降っている」という意味にします。そして、「濡れたくない」という感情をもちます。知能は、かばんの中から傘を出して開くよう「命令」します。すると、神経によって、この情報は筋肉に──かばんから傘を出して開くのに使う筋肉に──伝えられます。

　筋肉は、知能と感情が決めたことを実行する運動器官のひとつです。**運動器官**の働きについては第3章に述べてあります。

　体の各部分に情報を送るのは神経だけではありません。ホルモンをつくり出すさまざまな分泌腺も同じ働きをしています。これらの分泌腺によってつくり出されたホルモンは血液の中に分泌され、体中の各器官に運ばれます。そして、ホルモンを受け入れた器官は特定の反応を示します。例えば、怖い思いをすると、神経系はこの情報を特定の分泌腺に送ります。すると、分泌腺は、ホルモンの一種であるアドレナリンをつくり出し、これを血液の中に分泌します。その結果、例えば、心臓の鼓動が速くなる（ドキドキする）といったことが起こるのです。

　ホルモンをつくる分泌腺は内分泌腺と呼ばれ、これとホルモンとを、まとめて、内分泌系と呼んでいます。**内分泌系**については第4章に述べてあります。

　向精神薬とは何でしょうか、そして、それはどのような効果があるのでしょうか。この二つの疑問については、**向精神薬**を取り上げた第5章を読んでください。

　第2部『なぜ、そうするのでしょうか？』と、第4部『どのように、また、なぜ、私たちは理解するのでしょうか？』には、知的障害をもつと、その人は現実をどのように理解するのかが述べてあります。この第3部には、最後の章に、知的障害の**生理学的原因**について一般的に言われていることが短くまとめてあります。

第1章
私たちの感覚

　私たちは、感覚によって、外界の情報を受け入れます。外界には音やにおいや色があるということがわかるのも感覚のおかげです。私たちの感覚は9種類あります。すなわち、視覚、聴覚、味覚、嗅覚、平衡感覚、運動感覚、温度感覚、触覚、痛覚です。

　それぞれの感覚を特徴づけているのはその感覚の受容器です。どの感覚の場合も、ひとつあるいは数個の受容器が特定の情報を受け入れています。これは、ラジオにたとえることができるでしょう。私たちは、1台のラジオで、あちこちの放送局の周波数にダイアルの目盛りを合せて番組を聞いています。それぞれの目盛りの位置、すなわち、各局の周波数はさまざまな感覚の受容器にあたり、各局の番組は、これが受け入れる情報にあたります。

　感覚受容器は、さまざまな種類の情報を受け入れる他に、これを信号に変えることも行ないます。この信号は、神経を通って、大脳のいろいろな部位に送られ、そこに記録されます。感覚器官が受け入れた情報は、こうして、最後に、知能と感情によってその内容と意味が決められます。

視　覚

私たちが見ているのはさまざまな種類の光です

　物を見えるようにするための受容器は眼です。眼の各部分の働きの中で、さまざまな種類の光を感じる働きをしているのは視細胞です。この視細胞すなわち「光受容器」に光があたると、それは信号に変えられ、大脳の視覚中

枢に送られます。

光は瞳孔から入ってきます

　眼は、二つの小さなボールのような形をしています。私たちが「眼」として見ているのは、そのボール、つまり眼球の片側（前方部分）だけです。眼球の中は、前方部分が水のような液体で満たされ、広い後方部分がゼリー状の物質で満たされています。青い眼などと言われるように、色が付いている丸い部分は**虹彩**と呼ばれています。

　虹彩の中央には、**瞳孔**（ひとみ）と呼ばれる黒い丸い部分があります。瞳孔は、実際には眼球の中にまっすぐ通じている穴です。瞳孔も虹彩も、角膜と呼ばれる透明な膜だけでおおわれています。

　光はこの穴（瞳孔）から眼の中に流れこみます。そして、特定の受容器にあたると、信号に変えられ、大脳に送られます。瞳孔は光の量に応じて大きさが変わります。強い光を受けると、小さくなり、わずかな光しか通しません。反対に、光が弱いと、大きくなり、少しでも多くの光を取り入れようとします。強い光があたると、虹彩に備わっている瞳孔括約筋の働きで瞳孔が小さくなり、一方、弱い光では、瞳孔散大筋の働きで瞳孔が大きくなるからです。

光線は屈折します

　さまざまな距離にある物が正しくはっきりと見えるようにするには、光線が特定の「光受容器」にきちんとあたる（像を結ぶ）ことが必要です。それには、光線が屈折しなければなりません。光線を屈折させるのは、虹彩の後側に位置している**水晶体**（レンズ）です。光線が屈折して、「光受容器」にきちんとあたるようにするために、水晶体はその厚さを変えます。私たちが近くを見ている時には、遠くを見ている時よりも水晶体は厚くなっています。

　近視や遠視などのように、物が見えにくいのは、光線が水晶体を通って屈折した時に、光受容器の前あるいは後に像を結んでしまうからです。このよ

うになる原因には二つあります。ひとつは、眼球の中での、水晶体と「光受容器」との間の距離が長すぎる（あるいは短すぎる）ことです。もうひとつの原因は、水晶体が効果的に厚さを変えられないせいで、光線を適切に屈折させられないことです。その結果、焦点が合わず、「光受容器」にぼんやりした像しか写らなくなるのです。近視や遠視のような場合は、水晶体での光線の屈折を調節できるメガネをかけて矯正します。

光受容器は一番奥にあります

　光は瞳孔を通って眼の中に入り、水晶体で屈折し、最後に、眼球の一番奥にある「光受容器」にあたります。光受容器は、**錐状体と桿状体**と呼ばれる細胞から成り立っています。錐状体は明るい所で働き、色を感じます。一方、桿状体は、光が弱い所で明暗を感じとる働きをします。錐状体も桿状体も、視神経を通して信号を大脳の視覚中枢に送ります。

聴　覚

耳は三つの部分から成り立っています

　顔の両側に見える部分だけが耳ではありません。耳は、顔の内部に入りこんでいて、三つの部分から成り立っています。それぞれの部分は、薄い小さい壁で他の部分とへだてられている「小さな部屋」と言えます。外から見える部分は**外耳**と呼ばれています。内側の部屋が**中耳**、一番奥の部屋が**内耳**と呼ばれています。

音　波

　音波とは、空気中で起こる波動のことです。外耳は音波をとらえます。すると、これが中耳に伝わり、そして、内耳に届きます。内耳には、蝸牛があ

ります。

蝸牛には音波の受容器があります

蝸牛はリンパ液で満たされています。音波が内耳に届くと、この液が振動を起こします。蝸牛の中の蝸牛らせん管には、とても細かい毛がはえた細胞が並んでいる部分があり、リンパ液の振動はこの細かい毛にも伝わります。音波の受容器とは、この細かい毛をもつ細胞のことです。

音波によって受容器が異なります

海の波の高さは風の強さによって異なります。これと全く同じように、音波も、音の高低などによって異なっています。そのため、さまざまな音波が内耳に届くと、リンパ液は、その音波に応じた振動を起こします。そして、これらの振動は、振動の仕方に応じて、それぞれ異なる細かい毛に伝わります。これによって、音波の情報は、それぞれ特定の音波受容器に受け入れられることになります。このようにして、私たちはさまざまな調子の音を聞き分けているのです。

味　覚

4種類の味

味についての情報を受け入れる受容器は舌の表面にあります。この味覚受容器は味蕾と呼ばれています。これは、甘い味、酸っぱい味、塩からい味、苦い味に反応します。子どもの舌には、大人よりずっと高い密度で味蕾が分布しています。子どもが、大人とは違った食物を好むのはそのためでしょう。

味とにおいとをいっしょに感じます

　よく知られていることですが、私たちは、4種類だけでなく、もっと多くの味が区別できます。それは、私たちの味覚経験が、実際には、味蕾と嗅覚受容器との両方からの情報に基づいて行なわれているからです。においが味に大きな意味をもっていることは、簡単な実験をしてみればわかります。例えば、リンゴとイチゴの2種類のジュースを用意し、目かくしをして鼻をつまんで飲んでみてください。それぞれのコップに入ったジュースのうち、どちらがリンゴで、どちらがイチゴかわかりましたか。
　また、鼻風邪をひくと、すぐ「味がわからなくなってしまう」のも、においが味覚に大きな意味をもっているからなのです。

嗅　覚

嗅覚受容器は鼻にあります

　息を吸うと、鼻の中に入ってくる空気といっしょに、気体になったさまざまな物質も吸いこまれます。「嗅覚受容器」は、鼻の一番奥にあり、気体になった物質に反応します。そして、信号を大脳に送ります。

嗅覚はユニークです

　受容器から送られた信号が、中継されずに、直接大脳の中枢に届くのは嗅覚の場合だけです。そのため、ひどい脳損傷を受けた人でも、嗅覚が失われていないことがあります。

平衡感覚

体の平衡を保つために3種類の感覚が使われています

　私たちは、「平衡」という言葉を日常よく使っていますが、これは、実際には、平衡感覚を含む3種類の感覚が働きあった結果生じるものなのです。すなわち、運動感覚、視覚、平衡感覚が、それぞれ、体の平衡を保てるようにする情報を送り出しているということです。

平衡感覚は視覚を助けています

　頭の位置や、頭をどのように動かしているかについての情報を与えてくれるのは平衡感覚です。平衡感覚が、このような情報によって視覚を助けていますので、頭の位置を変えても、あるいは、頭を動かしていても、私たちにははっきりと物が見えるのです。

平衡感覚に関係しているのは耳です

　平衡感覚に関係しているのは内耳です。内耳には、半円形の三本の管（三半規管）があり、その中には、ゆっくりと移動するリンパ液が入っています。また、これらの管の中には、とても細かい毛が生えている部分があります。この部分（細胞）が「平衡感覚受容器」です。私たちが頭を動かすと、あるいは、一定の位置に保つと、リンパ液が動き、これに応じて、細かい毛も動きます。そして、細かい毛が動くと、受容器がこの動きに反応し、信号を送り出します（平衡感覚受容器には、「三半規管」の他に、これのすぐそばにある「前庭器官」があります。こちらの受容器は体の傾きなどを感じとります）。

運 動 感 覚

筋肉と腱には「張力受容器」があります

　筋肉と腱には、これらがどのように収縮しているかについての情報を受け入れる受容器があります（筋肉が収縮すると、張力が発生します）。

関節には「屈曲受容器」があります

　関節には「屈曲受容器」があります。これは、私たちが関節をいつ、どの程度屈曲したかをとらえます。

運動感覚は体の動きについて知らせてくれます

　運動感覚は、これら二種類の受容器がいっしょに働くことによって生じます。収縮と屈曲の情報は、これらの受容器によって信号に変えられ、神経を通して脊髄や大脳に伝えられ、そこで分析されます。そして、この結果に基づいて命令が送り出されます。つまり、私たちが思い通りに体を動かすために、筋肉や腱、関節をどう収縮、屈曲させるかについての命令が送り出されるのです。命令が出されると、運動感覚は、再び、私たちに体の動きについて知らせてくれます。すなわち、命令が実行に移されたかどうか、そしてどのように実行されているかについて知らせてくれるのです（なお、運動感覚については、中枢神経系や運動器官について述べた2章と3章を参考にしてください）。

触　覚

さまざまなタイプの受容器

　触覚の受容器にはさまざまなタイプがあります。例えば、圧力に反応するもの、振動に反応するもの、毛髪の動きに反応するものといったように。

受容器は皮膚にあります

　触覚受容器は皮膚と粘膜にありますが、その大部分は皮膚の方にあります。口のように触覚にとても敏感な部分には、背中など他の部分に比べると、ずっと多くの触覚受容器が集まっています。

温　度　感　覚

温覚受容器・冷覚受容器

　皮膚には、温覚受容器と冷覚受容器があります。前者は、皮膚温より高い温度のものがあると、一方、後者は、低い温度のものがあると、その情報を受け入れます。また、後者すなわち冷覚受容器は、痛さを感じるような非常に高い温度のものに対しても反応します（「熱さ」は、温覚・冷覚両方の受容器が反応することによって感じます。非常に高い温度になると、痛覚の受容器もいっしょに反応します）。

温度感覚受容器は触覚受容器といっしょに反応します

　物の表面の温度はそれぞれ異なります。従って、物に触れて、それが何であるかを見分けようとする時には、温度感覚は重要な意味をもっています。

痛覚

痛覚受容器として特定の装置はありません

　痛覚そのものや痛覚の仕組みについてはあまりくわしく知られていません。特定の受容器があるかどうかまだわかっていません。特定の受容器につながらずに終わってしまうタイプの神経の先端、いわゆる"自由神経終末"が、私たちの痛覚経験に重要な意味をもっているのではないかと考えられています。

痛覚経験は人によって違います

　他の感覚経験に比べると、痛覚経験は、教育や文化に大きな影響を受けます。また、自分が感じている痛みを心配なものだと判断するかどうかや、その時の自分の状況をどう思っているかといったことにも、つまり、痛みを感じた時の状況にも大きな影響を受けます。例えば、つまらない散歩をしていた時にできたすり傷は、楽しく散歩していた時のものよりずっと痛いと感じるでしょう。

まとめ

　感覚器官の働きは、外界からの情報を受け入れ、これを信号に変え、大脳に伝えられるようにすることです。私たちには9種類の感覚があります。すなわち、視覚、聴覚、味覚、嗅覚、平衡感覚、運動感覚、触覚、温度感覚、痛覚です。

第2章
神経系

神経は情報を伝えます

　私たちの体全体には神経が分布しています。神経は情報を伝えます——自分が今居る環境がどのようなものかについても、また、自分の体の中がどのような状態であるかについても。

　神経は、私たちの体の内側と外側の情報を脊髄や脳に伝えます（脳は、大脳、間脳、中脳、小脳、橋、延髄から成っています）。例えば大脳では、情報が伝えられると、その情報は記録され、知能や感情によって分析されます。そして、その結果に基づいて、どのような行動をとるべきかが決定されます。すると、決定通りに動かなくてはならない体の各部分に向けて、別の神経が大脳からの情報を伝えます。これらの神経には、大脳や脊髄に情報を**送り込む**神経と、逆に、大脳や脊髄から体の各部分に情報を**送り出す**神経とがあります。

二つの神経系（末梢神経系）

　体中に分布している神経は、どのようなタイプの情報を伝えているかによって、二つの大きなグループに分けることができます。

　そのひとつは、**感覚器官**から脳（大脳）や脊髄に情報を送り込む神経と、体を動かすのに使う**筋肉**に向けて、脳（大脳）や脊髄から情報を送り出す神経とのグループです。これは、**体性神経系**と呼ばれています。

　もうひとつは、腺や心臓、肺、体内の筋肉（例えば胃の筋肉など）からの情

報を送り込む神経と、これらに向けて情報を送り出している神経とのグループです。この神経系の場合も、情報を受け入れて分析し、その結果を送り出す所、すなわち中枢となっているのは脊髄と脳（間脳）です。こちらのグループは、**自律神経系**と呼ばれています。

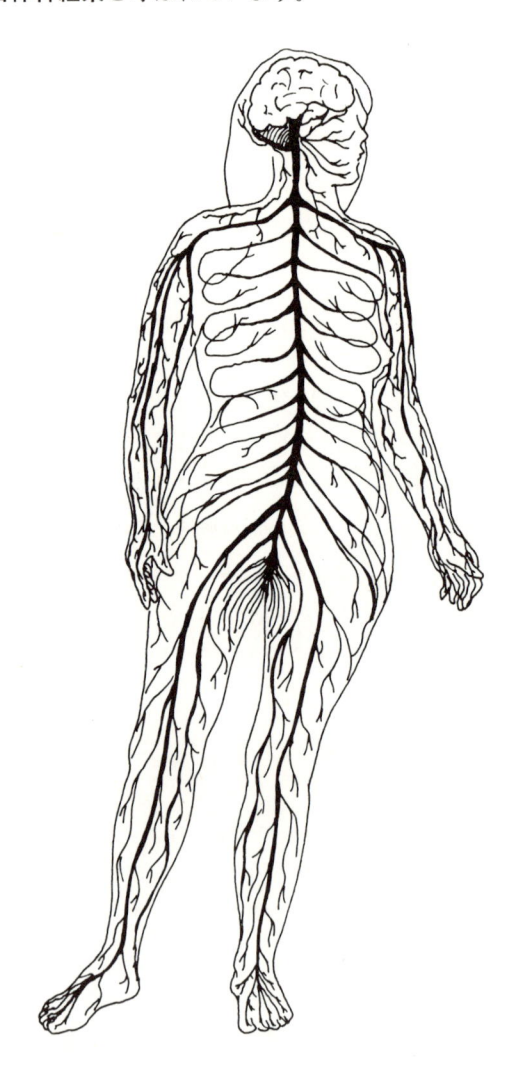

体性神経系は、私たちの意思に従って働いています。一方、自律神経系は、血圧や消化の調節など、意思の支配を受けないで働いています。

自律神経系は、感情の影響を受けます。例えば、怖い思いをすると、心臓の鼓動が速くなり（ドキドキし）、汗をかき、鳥はだがたちます。これらの反応は、すべて、自律神経系が、内分泌系に情報を送り出して起こさせたものです。また、体性神経系も感情の影響を受けることがあります。例えば、怖い思いをすると、筋肉が収縮しますし、おだやかな気持ちの時には緩みます（体性神経系と自律神経系とをあわせて末梢神経系と呼んでいます）。

中枢神経系

脳と脊髄は二つの中枢と言うことができます。そこには、あらゆる情報が送り込まれます。これらは、中枢神経系、あるいは、略してＣＮＳと呼ばれています＜訳注：ＣＮＳ＝スウェーデン語では、Centrala Nervsystemet、英語では、Central Nervous System．なお、脳は、大脳、間脳、中脳、小脳、橋、延髄から成っています＞。

脊髄には二つの役割があります。ひとつは、神経が脳に送り込むすべての情報の**最初の中継点**となること、もうひとつは、**反射**を司ることです。

情報の一部は、脳とは関係なしに脊髄によって処理されます。反射と呼ばれるのは、このようにして起こされた運動のことです。

しかし、大部分の情報は脳に送り込まれます。大脳は、互いによく似た二つのかたまり、すなわち、右半球と左半球からできています（両半球は脳梁によってつながっています）。それぞれの半球は、その半球の反対側にあたる体からの感覚情報を受け入れて処理し、その半身の運動を支配します。

左半球は、論理的思考や会話、語彙、計算などと深い関係があり、一方、右半球は、総合的理解や直観、絵や音楽の創造性などに深い関係があると言われています。

視覚中枢、聴覚中枢などといったように、大脳には、それぞれの感覚中枢があります。従って、例えば、「視覚受容器」からの情報は、神経を通って大脳に入り、視覚中枢と呼ばれる特定の場所に送り込まれます。しかし、こ

のようにさまざまな中枢があるからと言って、それぞれの中枢が、お互いに関係なく、また、大脳の他の部分や他の中枢神経系とも関係なく働いていると考えてはいけません。大脳のさまざまな部分と他の中枢神経系とは、複雑に連絡しあって働いています。

まとめ

　私たちの体全体には神経が分布しています。これらの神経は、体のさまざまな部分から送られてきた情報を**脳**や**脊髄**に**送り込む**と共に、体の各器官に向けて、**脳**や**脊髄**から情報を**送り出しています**。
　体中の神経は、どのようなタイプの情報を伝えているかによって、二つの大きなグループに分けることができます。感覚器官からの情報を中枢に送り込む神経と、中枢から、体を動かすのに使う筋肉に向けて情報を送り出す神経とは、**体性神経系**と呼ばれるグループに属しています。一方、内分泌腺や心臓、肺、体の内部の筋肉からの情報を中枢に送り込む神経と、これらに向けて中枢から情報を送り出す神経とは**自律神経系**と呼ばれているグループに属しています。自律神経系は感情と特に深い関係があります。
　脳と脊髄は、神経系の二つの中枢です。まとめて**中枢神経系（ＣＮＳ）**と呼ばれています。**脊髄**は、**情報を脳に送り込む**と共に**反射**を司ります。**大脳**では、情報を受け入れ分析する**場所**が、情報の種類によって**それぞれ決まっています**。この場所が、「視覚中枢」などと私たちがよく言っているさまざまな中枢です。ただし、これらの中枢は、それぞれ独立して働いているわけではありません。大脳のさまざまな部分と他の中枢神経系とは、複雑に連絡しあって働いています。

第3章
運動器官

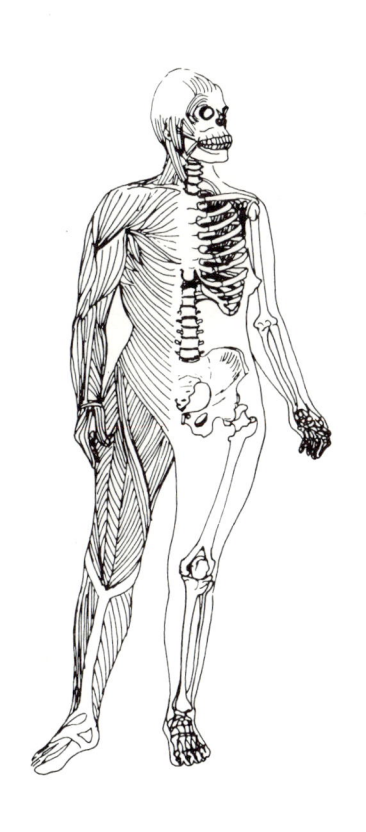

　運動器官は**骨格**と**筋肉**で成り立っています。骨格は、体をまっすぐに保ち、脳など傷つきやすい部分を保護しています。筋肉は骨に付着しています。それで、筋肉を収縮させると、体を曲げたり、特定の運動をしたりすることができるのです。
　骨格と筋肉の**成長**を調節するのは**内分泌系**です。これによってつくられた

「成長ホルモン」が、血液の中に送り込まれ、骨の細胞や筋肉の細胞の増加を促します。

　一方、**運動**の方は**神経系**によって支配されています。ＣＮＳ（中枢神経系）からは、筋肉を収縮させるかどうか、そうさせるとしたらどの程度かなどについての情報が送り出されます。また、逆に、筋肉からは、筋肉の状態についての情報がＣＮＳに送り込まれます。筋肉、腱、関節は、収縮や屈曲についての情報を受け入れる受容器（運動感覚受容器）をそれぞれもっています。そして、これらの情報が、受容器によって信号に変えられ、神経を通ってＣＮＳに送り込まれるのです。

　私たちが運動をする時には、まず、ＣＮＳが、筋肉の特定のグループに命令を送り出します。そして、運動が始まると、筋肉は、それがどういう状態にあるかについての情報をＣＮＳに送り続けます。その結果、運動は、補正されて、命令通りの正しいものになります。また、他の感覚受容器からもＣＮＳに情報が送られてくるので、運動を、それぞれの場合にうまく合わせることができます。例えば、ミルクをコップに注ぎこもうとする時、その動作に影響を与える情報の中には、もちろん、視覚受容器など他からのものも含まれています。

　ただし、神経系だけが私たちの運動をすべて支配しているとは言いきれません。よく知られていることですが、運動を起こすか起こさないか、起こすとしたらどのような内容にするのかを決めるのに深く関わっているのは私たちの**意思**と**興味**です。もし、つまらないことをするよう誰かに命令されたら、自分で何か楽しいことをする時に比べて、ずっとぎこちなく、のろのろと行動するでしょう。

　また、体を使って何か新しいことを習おうとする時も同じです。例えば、楽器の演奏を習う時、いやいや練習すると、楽しんでする時に比べてなかなか上手になりません。

　運動の開始とその内容には、意思と興味の他に、もうひとつ重要な要因がからんでいます。それは、運動を起こす**理由と目的がわかっている**かどうかということです。心理学者セシリア・マルムストレムは、知的障害をもつ人

の体の動きについての研究をしました。そして、私たちの運動には、興味や意思、自尊感情、運動する理由の理解がどのような影響を与えているかという点を明らかにしています。

まとめ

　私たちの運動器官は、**骨格**、**腱**、**筋肉**から成り立っています。これらの**成長**は、**内分泌系**によって調節されています。**運動**を支配しているのは神経系です。そして、運動の開始やその内容には、意思や興味、自尊感情、運動の意味の理解などの**心理的な要因**も重要な影響を与えています。

第4章
内分泌系

　内分泌系は、私たちの体中に分布している内分泌腺から成り立っています。**内分泌腺はホルモンをつくり出します**。ホルモンは、血液によって体のさまざまな部分に運ばれます。そして、どのように働けばよいかについて、さまざまな器官に情報を伝えます。成長したり、年をとったり、性的に成熟したりといったことを私たちにさせているのはホルモンです。

　それぞれの内分泌腺は、**下垂体からの命令**を受けてホルモンをつくり出します。下垂体は、エンドウ豆ぐらいの小さいもので、大脳の下にあります。下垂体は、さまざまな器官についての情報を大脳などから受け入れます。また、さまざまな内分泌腺にホルモンを送り込みます。そして、このホルモンが、各腺に対して、それぞれのホルモンをつくり出すよう伝えます。例えば、思春期になると、下垂体は性腺にホルモンを送り込み、性ホルモンをつくり出す時期がきたことを知らせます。

　つまり**下垂体**は、それぞれの内分泌腺によるホルモンの分泌を調節するということによって、内分泌系の**中枢的**役割を果たしているのです。

　ホルモンの働きによって起こるのは、ゆっくりとした体の変化だけではありません。例えば、何か怖い思いをすると、感覚受容器は神経を通して情報を大脳に送ります。すると大脳は、危険がせまっていることを内分泌系に知らせます。その結果、特定の内分泌腺がホルモンを分泌し始めます。そして、このホルモンが、心臓の動きを速く強くさせ、血液を皮膚から筋肉に移動させます（それで、顔色が青くなるのです）。また、呼吸がしやすくなるよう気管を広げさせます。

第3部 体の働き

まとめ

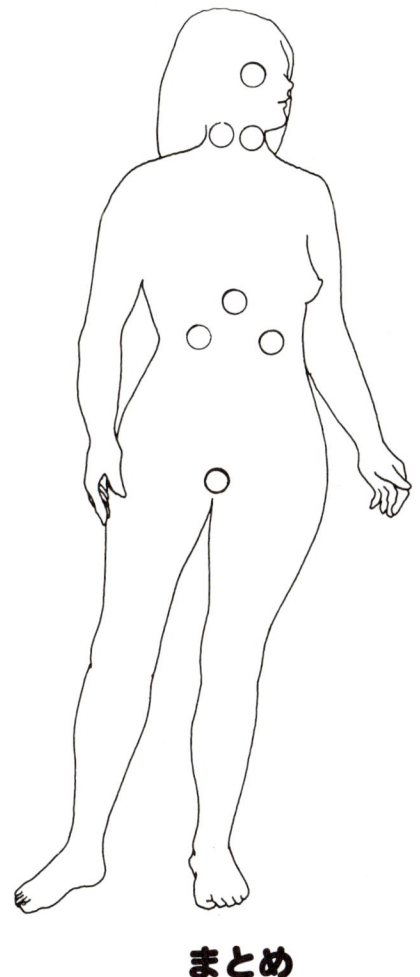

　内分泌系は、**それぞれ特定のホルモンを分泌する内分泌腺**から成り立っています。すべての内分泌腺のホルモン分泌を調節しているのは、**下垂体**と呼ばれる内分泌腺です。内分泌系は、成長、性成熟、老化といったゆっくりした体の変化や、恐怖などに対する体の変化を支配しています。

第5章
向精神薬

感情の状態に作用します

　向精神薬は、強い不安や絶望感など、感情のさまざまな状態に直接作用するという点で他の薬と異なります。他の薬は、体の状態（体の健康状態）のみに直接作用します。

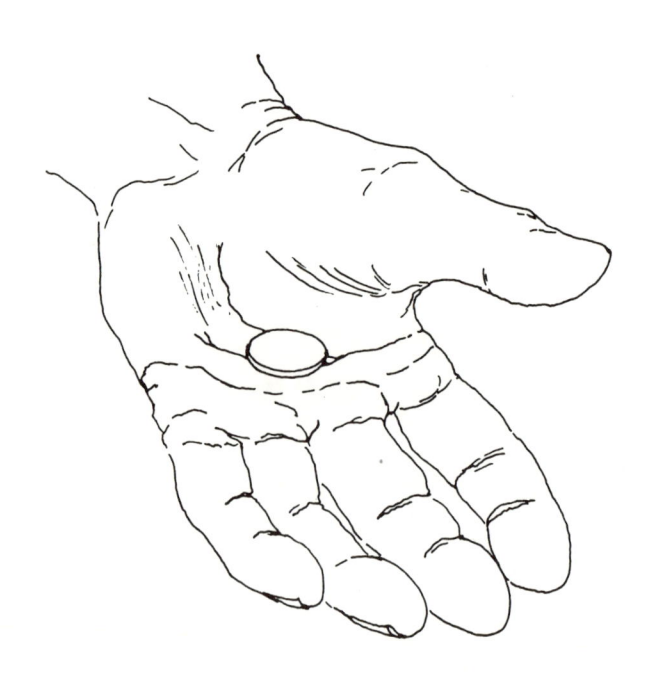

人によって作用が違います

　向精神薬の場合にも、他の薬の場合にも言えることですが、薬の効き目を前もって正確に知ることは誰にもできません。同じ薬を飲んでも、人によってその反応は異なります。また、数種類の薬を飲んでいると、別の新しい薬を飲んだ時の反応にその影響が出ることもあります。向精神薬の場合、問題を複雑にしているのは、医師が薬の処方をする時には、知的障害をもつ人自身や両親、職員、その他の人たちなど、何人もの人の話を処方の手がかりにする場合が多いということです。

誰のための向精神薬なのでしょうか？

　私たちが、他の人をどう思っているか話す時には、もちろん、次のようなことがその内容に影響を与えています。すなわち、その人と知り合ってからどのくらいか、その人に好意をもっているか、その人について何を知っていて、また、どんな経験をしたかといったことが。従って、その人がどのような行動をとったせいで、向精神薬が使われるようになったのかを確かめるのは大切なことだと言えましょう。

　また、その行動によって困った（困っている）のは誰なのかも、つまり、まわりの人なのか、それとも障害をもつ人自身なのかも、よく考えてみることが大切でしょう。

環境改善か向精神薬か

　向精神薬を、問題行動に対処する第一の手段として使用するようなことがあってはなりません。それよりもまず、問題行動の原因になっているのではないかと思われるものをその人の環境の中でさがしてみることです。もし、そのようなものがあれば、環境を改善すべきです。また、向精神薬さえ使用していれば、望ましい状態が長続きすると思いこんでもいけません。薬を使

用しながら、問題行動のある人を取りまく環境を変える努力をすべきです。また、心理療法を度々行なうことも必要です。

6種類の向精神薬

　向精神薬は、どのような感情の状態に作用するかによって、以下の6種類のグループに分けられます。それぞれのグループには、さらに何種類かの薬が含まれています。

　　　　精神安定薬　　　　抗精神病薬
　　　　抗うつ薬　　　　　催眠薬
　　　　精神刺激薬　　　　その他

　大部分の向精神薬には副作用があります。以上にあげた6種類のグループには、それぞれ特有な副作用があることがわかっています。一般に見られる副作用としては、疲労感、口の乾き、視力の低下、手のふるえなどです。この他に、アレルギー反応が起こることもあります。

まとめ

　向精神薬は、感情のさまざまな状態に作用します。薬の効き目を前もって正確に知るのは難しいことです。医師は、多くの場合、何人もの人から聞いた話を手がかりにして処方せんを書かなければなりません。従って、誰のために薬を処方するのかを、つまり、まわりの人たちのためなのか、それとも知的障害をもつ人自身のためなのかを自問してみることが大切でしょう。向精神薬の使用だけで望ましい状態を保ち続けるということはできません。
　向精神薬には6種類のグループがあり、それぞれのグループには特有の副作用があります。

第6章
知的障害の原因

原因がわかれば、気持ちが落ち着くでしょう

　知的障害をもつ子どもの親は、自分の子がなぜ障害をもつようになったのか知りたいと常に思っています。そう思うのも無理からぬことです。原因についての説明が得られれば、子どもに対する罪の意識が軽くなったり、「なぜ私だけが」という感情が消えたりすることも多いのですから。

　知的障害をもつ人自身にとっても、原因を知ることは大切です。そうすることで気持ちが落ち着くでしょう。また、なぜ、他の人と違って、自分には、うまくできないことがあるのかも理解しやすくなるでしょう。

　職員や教師など、まわりの人たちも原因を知る必要があります。知っていれば、知的障害をもつ人に接しやすくなりますし、その人たち自身も落ち着きます。

原因がわからないこともよくあります

　私たちは次のような点を心得ておくことが大切です。すなわち、知的障害については、正確な説明が得られない場合も多いという点です。つまり、質問しても、答が得られない場合もありうるのです。

　正確な説明が非常に難しいのは、私たちが知能と呼んでいるものが、どのような生理学的要素から成り立っているのか実際にはわかっていないからです。そして、知能の生理学的基盤がこのようにはっきりわからないので、知能が普通に発達しない原因を見つけ出すのもまた難しいのです。

知能の発達障害は、大きく分けると、次の二つのタイプに分けることができます。すなわち、発達障害が「知能全体にあるタイプ」と、「その一部だけにあるタイプ」です。この二つの違いは、その人の知能の働き方——例えば、どのような場面でどのようなことができるか——を見れば、判断がつきます。

生物学的遅滞

　上に述べた二つのタイプのうち、第一のグループ、すなわち、知能全体が同じような発達の仕方をしている人たちには、生理学的な異状は見つかりません。ただ、このグループの中には、知能に発達障害のある近親をもっている人も時々見られます。このような人の場合には、遺伝的な要因がからんでいるとも考えられるでしょう。
　しかし、残りの人たちには、生理学的異状も遺伝的要因も見つかりません。そのため、このグループに対しては、生物学的な意味での正規分布を当てはめて説明することがよく行なわれます。すなわち、生まれつき非常に高い知能をもっている人が存在するのと全く同じように、生まれつき知能が十分に発達しない人も存在すると考えるのです。
　いずれにしても、このグループの人たちには、みな、生理学的な異状は**見つかりません**。わかっているのは、他の面での発達は全く普通であるのに、知能の発達の仕方が普通よりゆっくりとしているということだけです。知能の発達は、16歳から20歳の間に終わるわけですから、ゆっくりとしていると、普通の段階に達しないうちに発達が終わってしまうことになります。このような場合を、一般に、**生物学的遅滞**と呼んでいます。

脳損傷

　第二のグループ、すなわち、知能の一部だけに発達障害がある人たちには、大脳に損傷が見つかることがあります。つまり、大脳の一部が損なわれているのです。このような**生物学的損傷**による知的障害は、次のようなことが原

因でもたらされます。すなわち、母親が妊娠中に感染した危険な伝染病（例えば、風疹）、新生児期に感染した危険な伝染病、出産時の障害、酸素欠乏、脳炎、髄膜炎、脳腫瘍、新陳代謝の異常、中毒などです。

損傷を受けた部分が広いと、知能全体に影響を与えることもあるでしょう。そうすると、生物学的遅滞の場合と同じような状態が現れるかもしれません。しかし、違う点は、損傷の場合には、損なわれた部分を見つけ出せるということです。

環境によるもの

知能の一部だけに発達障害があるという場合の原因には、この他に、感情の発達の問題なども考えられます。第二のグループには、生物学的損傷は受けていなくても、感情の発達も知能の発達も著しく妨げられるような環境で育った人たちが見られます。言いかえれば、**環境のせいで**、知的障害をもつようになる人もいるということです。そして、このような原因と脳損傷とが重なり、互いに影響を与えて、知的障害をいっそう重くする場合もよくあります。

その他

知的障害をもつ人たちの中には、染色体異常が見られる人もいます。最もよく知られているのは、ダウン症候群と呼ばれるものです。この症候群に多い特徴は、知能全体が同じように発達すること、つまり、知能の各要素が同じ速さで発達していくということです。

まとめ

私たちには、知能と呼んでいるものが、どのような生理学的要素から成り立っているのか実際にはわかっていません。知的障害の原因を見つけるのが

難しいのはそのせいです。その人の知能がどのような働き方をしているかによって、原因は、「生物学的遅滞、脳損傷、環境によるもの」に分けることができます。

生物学的遅滞の場合は、知能全体がゆっくりと同じ速さで発達します。生理学的な異状は見つかりません。

脳損傷の場合は、知能全体が同じような発達の仕方をしません。大脳の一部が損なわれたせいでそうなるのです。

環境によるものの場合は、知能の特定の部分の発達が妨げられます。環境によってこのような状態がもたらされるのです。

　＜第3部注＞
　第1章から第4章までは、以下の参考文献によって訳者が一部補筆しました。
・教養課程　生理学／若林勲監修／学術図書出版／1986年
・新版　生理学入門／中山昭雄著／朝倉書店／1990年
・やさしい生理学／岩瀬善彦編／南江堂／1991年

第4部

どのように、また、なぜ、私たちは理解するのでしょうか？

知能とその発達

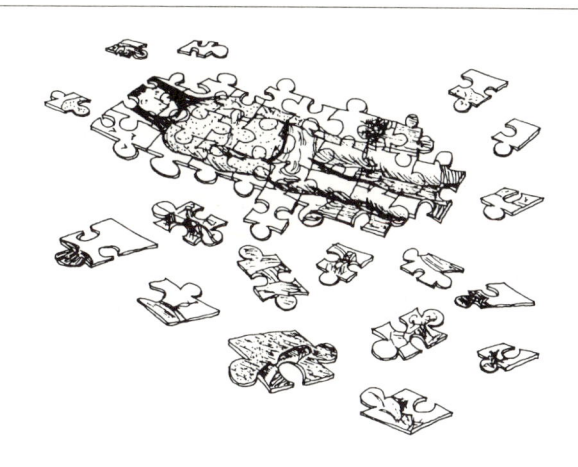

第1章
知的障害とは

「知的障害（begåvningshandikapp）」「発達障害（utvecklingsstörning）」「理解障害（förståndshandikapp）」は、同じ障害に対する別の呼び方です。すなわち、これらは、「知能の発達に、生物学的遅滞あるいは脳損傷などによる障害がみられ、加えて、短期記憶の働きも十分ではない」という状態に対してつけられた別称なのです。

知能とはどのようなものなのでしょうか

私たちは知能という言葉を使っていて、混乱することがよくあります。というのは、その意味が人によって違うので、話がかみあわなくなってしまうからです。例えば、知能には**いくつもの種類**があると考えている人がいます。音楽的知能、言語的知能、運動的知能、数学的知能などといったように。このような場合には、知能は、「〜がよくできる」ということを表わしています。言いかえれば、あることがよくできるようになるには、そのための特定の知能が必要だということです。また、知能はもっとせまい意味の言葉だと考えている人もいます。チェスに強い、覚えがはやい、数学や物理がよくできるなど、**頭の高度な働きだけ**を意味すると考えているのです。

このように、知能という言葉は人によってその意味が違います。そこで、この第4部では、私たち著者は、その意味をどのように考えているかを述べてみたいと思います。

第4部 どのように、また、なぜ、私たちは理解するのでしょうか？

知能はどのような働きをするのでしょうか

　私たちは、知能の助けを借りて現実を認識しています。わかりやすく言えば、知能は、自分がしたいと思っていることを行動に移せるようにしてくれます。感情は、自分が何をしたいかを知らせてくれます。そして、どうすればそうできるかを考えてくれるのが知能なのです。
　ここで、知能のこのような働きの例をあげてみましょう。

　勤め先から夕方自宅に帰った後、何となく気持ちが落ち着かない人がいるとしましょう。その人は、何か**したい気**がするのですが、何をすればよいかわかりません。そこで、できることをあれこれと**考え**ます。
　「テレビで何か面白い番組がないかな。——新聞の番組欄をさがそう」
　「散歩するのもいいかもしれない。——でも、雨になりそうだ」
　「外で食事をしようかな。——高いものにつくし、お金の余裕がないな」
　「映画を見にいくのはどうかな。——新聞の映画広告を見よう」
　やがて、映画を見にいくことに気持ちが決まりました。そこで、見たい映画を上映している映画館を調べ、それがどこにあり、そこまでの道を思い出します。そして、バスの時刻表を見て、映画が始まる時刻にまにあうようなバスをさがします。また帰りはタクシーにすることにして、タクシー代があるかどうか確かめます。
　以上にあげた例で、知能は、私たちをどのように助けてくれているでしょうか。この例では、まず最初に、できそうなことをいろいろと**頭の中で考え**ています。こうするためには、もちろん、それらが過去に経験されていなくてはなりません。しかし、それだけで十分というわけではないのです。例えば、散歩を実際にしてみなくても、経験していれば、それがどんなものか心に描くことができるといったように、経験を思い出し、その内容を思い浮かべられなくてはなりません。そして、このような働きをするのが知能です。知能は経験を**再生**させますので、私たちは、現実に起こっていない物事でも**想像**できるのです。

どこ？　いつ？　どのような？　どのくらい？　なぜ？

第4部 どのように、また、なぜ、私たちは理解するのでしょうか？

　ところで、自分にできそうなことをあれこれと考えられるのは、C段階以上の知能をもつ人です。そして、そう考えられるようになるためには、さまざまな経験をしておくことが大切です。例えば次のように……。

　テレビで何か面白い番組があるかどうか判断するのに私たちは新聞を見ます。こうするには、まず、新聞に番組欄が載っていることを、そして**今日の新聞**が必要であることを知っていなくてはなりません。また、文字が**読めて**、**どのような**番組があるか理解できなくてはなりません。

　雨が降るだろうということを考えるためには、大きく広がった黒い雲と雨が**結びついて**いなければなりません。つまり、**もし大きな雲があれば**、たぶん雨が降る**だろう**ということを知っていなくてはならないのです。

　レストランに行くだけの余裕がないと考えるには、レストランの食事の値段がだいたい**どのくらい**かを知っていなければなりません。そして、それと、自分がどのくらいのお金をもっているかとを比べてみなくてはなりません。

　映画を見にいくかどうかを決める時にも、テレビを見ようとする時と同じことを最初にします。そして次に、見る映画が決まったら、上映している映画館がどこにあるのか、映画は**何時**に始まるのか、映画館に行くのに時間がどのくらいかかるのか、バスは**何時**に出るのかなどを知ることが必要になります。さらに、自分がお金を**どのくらい**もっているか、帰りのタクシー代は**足りるか**どうかも確かめておきます。

　以上の例はどれもみな簡単にできそうなことばかりです。しかしそれでも、知能はかなり働かなくてはなりません。従って、普通の知能をもつ人にとって都合よくつくられた環境の中では、知的障害をもつ人の多くはこの例のような行動をすることができないのです。

知能は分類します

　視覚、聴覚、嗅覚、味覚、温度感覚、触覚、痛覚、平衡感覚、運動感覚を通して私たちは生活環境から情報を得ています。そして、知能が、これらの感覚経験を次の五つ問いによって分類します。

どこ？（空間）
　　いつ？（時間）
　　どのくらい？（数量）
　　どのような？（属性）
　　なぜ？（因果関係）

　つまり、知能は、感覚経験を五つのカテゴリーに整理するのです。

知能は分類した結果を利用します

　知能は、目標を達成するために経験と知識を利用します。言いかえれば、知能は**操作**をします。
　行動の操作と思考の操作とは違います。ある行動をすること、例えば、学校に行くといったことは、行動の操作です。一方、学校までの道順を考えることは思考の操作です。
　行動の操作も思考の操作も、先にあげた五つのカテゴリーを用いて行なわれます。

知能はシンボルをつくり、それを使います

　知能は、物や出来事、性質などを代わりのもので表わすという方法によって現実を再生します。この代わりのもの、すなわちシンボルは、コミュニケーションや学習、思考の操作のための重要な手段です。シンボルには、写真などの写像的シンボルと、文字などの意味的シンボルとがあります。前者は、表わすものと表されるものとが似ている場合を言います。そして後者は、お互いに似ていなくても、一定の約束事によって、あるものを別のもので表わす場合を言います。知能は、先にあげた五つのどのグループの中でもシンボルをつくって使います。

第4部 どのように、また、なぜ、私たちは理解するのでしょうか？

まとめ

知能には次の三つの機能があります。
　　　経験を分類する——構成
　　　経験を組み合わせて使う——操作
　　　経験を再生する——シンボル化

これらは、すべて、次の五つのカテゴリーを用いて行なわれます。
　　　空間
　　　時間
　　　数量
　　　属性
　　　因果関係

第2章
現実の認識

　私たちは、「どこ」ということについて、いろいろな物の位置を見比べ、前と後、上と下、〜のそば、内と外という位置関係を知ります。そして、左と右、南と北なども区別できるようになっていきます。これが**空間の認識**と呼ばれているものです。

　私たちは、これと同じようにして、時間、数量、属性、因果関係の認識を形成します。

　「**いつ**」起きたかを意識していろいろな出来事を比べてみることによって、それが現在なのか、過去なのか未来なのかがわかるようになります。そして、今日、明日、1時間以内、今年の夏などを区別できるようになっていきます。これが**時間の認識**と呼ばれているものです。

　「**いくつ（数）／どのくらい（量）**」あるのかを意識していろいろな物を比べてみることによって、同じ、多い、少ないがわかるようになります。そして、3個、5クローネ、7キロなどを区別できるようになっていきます。これが**数量の認識**と呼ばれるものです。

　「**どのような**」ということを意識していろいろな物を比べてみることによって、似ている物、似ていない物がわかるようになります。そして、赤と黒、柔らかいと固い、イヌとネコなどの違いがわかるようになっていきます。これが**属性の認識**と呼ばれているものです。

　「**なぜ**」起きたかを意識していろいろな出来事を比べてみることによって、出来事と出来事の間には関係があり、一方が**起これば、その結果**、もう一方も起こるということがわかるようになります。

　そして、特定の出来事が、必ず、別の特定の出来事によって起こされるこ

とがわかるようになっていきます。例えば、水を入れたポットを火にかけておけば、湯になるといったように。しかし、多くの場合、原因—結果の関係はこれほど単純ではありません。ひとつの出来事がいくつかの結果をもたらすこともあります。

　私たちは、自分の経験をもとにして、原因—結果の関係が成り立つかどうかを考え、出来事と出来事とを結びつけていきます。これを**因果関係の認識**と呼んでいます。

知能の発達には段階があります

　知能は、普通三つの段階を通って最後の段階、すなわち第4段階へと発達していきます。第4段階が、完全に発達したおとなの知能に相当します。人によっては、第1段階あるいは第2、第3段階で発達が止まることがあります。このような人を「知的障害をもつ人」と呼んでいます。

　私たちは、知能の発達の段階が進むにつれて、いろいろなことがよくできるようになっていきます。その例として、第1段階と第2段階の違いをひとつあげてみましょう。第2段階の知能をもつ人は写真や話し言葉が理解できますが、第1段階の知能をもつ人には両方とも理解できません。

　知的障害をもつ人の知能の発達段階について述べる時には、第1段階をA段階、第2段階をB段階、第3段階をC段階と呼びます。

発達段階と実際の年齢とは関連がありません

　知能の発達段階と実際の年齢とは関連がありません。各段階は、知能がどのように働くかを表わしているだけです。従って、例えば、知的障害をもつおとなを2歳ぐらいの人と表現したとしても、それは、その人のもつ知能が2歳ぐらいに相当するというだけのことです。その人は、2歳児よりずっと多くの経験を重ね、また、おとなの体をもち、さまざまなことを身につけていて、幼児とは全く違う方法で知能を働かせているのですから。

　次の章からは、A段階、B段階、C段階の知能をもつ人がそれぞれ現実を

どのように認識するのかを述べていくことにしましょう。

まとめ

「知的障害」「理解障害」「発達障害」は同じ障害に対する別の呼び方です。

感情は、私たちが何を望んでいるかを伝えます。他方、知能は、どのように行動すべきかを考えます。

知能は、現実を認識する働きをします。

知能の発達には段階があります。そして、現実をどのように認識するかはこれらの発達段階によってそれぞれ異なります。

各発達段階は、知能がどのような働きをするかを表わしているだけで、実際の年齢との関連はありません。

知的障害をもっている人は、第1段階、第2段階、第3段階のどこかで知能の発達が止まっています。これらの段階は、A段階、B段階、C段階とも呼ばれています。この場合、第1段階をA段階と呼ぶことになっています。

考えてみること・話し合ってみること（第1章・第2章）

★ 買物をするといったようなことでも、知能はかなり働かなくてはなりません。ここで、空間の認識や時間の認識などがどのように利用されているか考えてみましょう。買い物をするには、例えば、買う物が店のどこにあるのか（空間の認識）、包装してある品物の中身が何か（属性の認識）などがわからなければなりません。また、わかるようになるのに何を手がかりにしているのかも考えてみましょう。あなたが知っている（知的障害をもつ）人を思い出して、その人の場合はどんなことが難しいのか考えてみましょう。

★ 知能の発達段階と実際の年齢とは関連がありません。ところが、知的障害をもつ人はとても子どもっぽいし、また、「子どもっぽいこと」をするのが好きだと言われることがあります。どうしてそう言われるのだと

第4部 どのように、また、なぜ、私たちは理解するのでしょうか？

思いますか。

★ 「発達障害をもつ人」とか「知的障害をもつ人」の代りに、「若者」＜訳注＊＞という表現が使われることがあります。大部分の人は、知的障害をもつ人を年齢とは関係なくそう呼ぶことには全く反対です。しかし、一部の人──もちろんふつうの知能をもつ人ですが──は、この呼び方が間違いであるとは全く思っていません。それどころか、「私は、若者と呼ばれるとうれしいので、他の人だってうれしいとしか思わないだろう」と考えています。「若い心をもち続けていて、いろいろなことを楽しんでいる」ということを意味しているだけなのだから、別に問題はないというわけです。

「若者」という呼び方に対する賛否は、知的障害のある人に対するどのような見方をそれぞれ表わしていると思いますか。

＜訳注＊＞この学習書が書かれた80年代始めのころは、FUB（知的障害協会）内で、「若者」という呼び方をする人もまだいたようです。この点について、オーケ・ヨーハンソン（本人）は、その自伝で次のように述べています。

「わからないことはたくさんあった。特に、FUBの中で使われている『若者たち』という言葉はどういう意味なのか、理解できなかった。若い人たちなんていないのに、みんなのことをそう呼んでいたのだ。しまいに僕は、『若者たちとは誰のことを指しているのか』と尋ねた。僕はそれを恥じることなく、もっとはっきりわかるように表現すべきだと思った。

『若者たち』とは、『知的障害者』のことだったのだ」（『さようなら施設』／オーケ・ヨーハンソン＆クリスティーナ・ルンドグレン著／大滝昌之訳／ぶどう社／1997年より）

★ 知的障害、理解障害、発達障害といったように、私たちは同じ障害を違う言葉で呼んでいます。

これらの中に、「最も的確だ」と思う言葉がありますか。もしあれば、なぜそう思うのか話し合ってください。同じ障害を違う言葉で呼ぶと、何か不都合なことがあるでしょうか。

第3章
A段階

実物がないとわかりません

　A段階の知能をもつ人は写真を理解することができないので、自分がほしいものかどうかは、実物が目の前にないとわかりません。また、話し言葉も、特定の行動に結びつけて覚えたもの以外は理解できません。パールの例をあげてみましょう。彼に「いす」と言うと、いすをもってくるという行動をします。

身体言語

　話すことはできなくても、身体言語を使って、自分の気持ちや考えを他の人に伝えることができます。例えば、パールは、座って音楽を聞いている時にじゃまされると、両手を上げて振り、体を左右にねじります。聞いているのをじゃまされたくないことを、こうしてはっきりと表現するのです。

再認と再生

　A段階の中でも最も進んだ段階の知能をもつ人の場合は、**目の前にない**ものや、**今ここで起きていない**出来事を想像すること、いわゆる「再生する」ことができます。つまり、過去の経験を思い出すことができるのです。

　　　パールは週に1回乗馬を練習しています。彼は、乗馬を思い出させる

第4部 どのように、また、なぜ、私たちは理解するのでしょうか？

ようなものがまわりにない時でも、乗馬をしたいという自分の気持ちを表現することができます。「チェッ、チェッ」と舌打ちをし、自分の胸をたたいて、乗馬の練習をしたいという気持ちを表わします。

　対照的に、エヴァは、「再生する」ということはできません。しかし、経験のあるものや出来事を見て、それかどうか判断すること、いわゆる「再認」はできます。従って、経験したものが目の前にあれば、自分ができることやしたいことがわかります。例えば、彼女は、自動車に乗ってあちこちに行くのが好きです。外出すると、自動車を指さすことがよくあります。そういう時の彼女はとても楽しそうです。

空　間

目の前にあるもの

　A段階の初めの段階の知能をもつ人には、**今ここにある空間**しか理解できません。いろいろなものがどこにあるかは、すべて、自分の今いる所との関係で決まります。いすは自分の近くのここにあるとか、自分から離れたあそこにあるといったように。

　これよりもう少し進んだ段階の知能をもつ人は、自分のいる所との関係だけではなく、物と物がおたがいにどのような関係にあるのかもわかります。というのは、例えば、部屋の中を歩きまわって、いろいろな方向や角度から物を見るといったことができるからです。自分のいる所とは関係なく、コーヒーポットはテーブルの上にある、いすはレコードプレーヤーの隣りにあるといったことがわかります。

　このように、この段階の知能をもつ人は、物と物の位置を見比べれば、その関係がわかるため、二つ一組での位置関係の連鎖をつくっていくことができます。そして、その結果、空間の中で何がどこにあるかがわかりやすくなります。それでもやはり、位置関係のわかる空間は非常に狭い範囲に限られています。

エヴァは施設で生活していて、生活棟に自分の部屋があります。彼女は、以前の自分の部屋と談話室や食堂との位置関係はとてもよくわかっていました。ところが、最近別の生活棟に移ってからは、新しい部屋から食堂まで行くことは何とかできるのですが、帰りは迷ってしまいます。そして、迷っているうちに疲れて横になりたくなると、いちばん近い部屋に入ります。

どこかに行きたい

　A段階の中でも最も進んだ段階の知能をもつ人は「再生する」ことができます。つまり、今ここにない空間を思い浮かべることができるのです。

　パールは、作業療法が終わった午後になると、その部屋にあまりいたがりません。下の階にある職員室に行きたくなります。そこに行けば、自分と職員だけで過ごせます。それで、彼は、職員のひとりを何回も階段の所まで連れて行って自分の気持ちを表現し、それから、職員室に降りて行きます。

　今ここで経験していない空間をこのように思い浮べることができると、道がわかる範囲もそれだけ広くなります。例えば、パールは、自分の家から少し離れた所にある作業所までひとりで行けます。その上、いつも同じ道を通らずに、時には、違う道を往復してみるということもしています。

時　　間

「現在」に生きています

　A段階の知能をもつ人はほとんど**現在**に生きています。言いかえれば、過去と未来──「今日」と「明日」がはっきりわからないということです。この段階の知能をもつ人の時間の認識は、習慣と決まった順序とに基づいて形

成されています。従って、決まった事を決まった順序で行なう習慣がついていると、ある事が終れば、「次に」何が起こるかがわかります。

次に起こること

パールが、決まった事を決まった順序で次々としていけることは、周囲のみんなが見て知っています。彼は朝起きると、自分で浴室に行きます。そして、手伝ってもらって体を洗います。それから、自分の部屋にもどって服を着ます。服を着終わると、たいてい、テーブルの自分の席で朝食を待ちます。彼は、朝食が終わると作業療法に出かけることも知っています。ところが、どの日が週末の休みなのかはわかりません。そのため、そういう日でも、朝食がすむと、ほとんどいつでも、出かけようとしてコートがかけてある場所に行ってしまいます。また、いつもくり返している一連の行動の順序が変わった場合も、この例と同じように、いつもと違う行動をとることが容易ではありません。例えば、彼は夕食後に散歩することを日課としています。それで、夕食前に散歩に行こうと言われても、たいていはきっぱり断ります。

パールの時間の認識は、決まった順序で起こる事に基づいて形成されています。そのため、寝ぼうしてしまった朝は急がなければならないことがわかりません。

「私たち寝ぼうしてしまいました。パールは朝の支度に１時間かかりますから、10時前には行けません」―パールの母

いつもと同じペースで順序を変えずに行動します。

　要するに、A段階の知能をもつ人には、一連の行動をとるのに必要な時間とか、ある事が起こるまでにかかる時間の見当がつかないということです。従って、例えば、何かを待つといったことも容易ではありません。

数　量

多い・少い

　A段階の知能をもつ人は数を理解することができません。しかし、量が「**多い**」か「**少い**」かの区別はできます。

　例えば、エヴァは、コップになみなみとジュースをついでもらうのが好きです。コップのふちまで入っていないと、飲もうとしません。ただし、「**多い**」ということも、ジュースの例のような、特定の場面に結びつけて理解しているだけです。この段階の知能をもつ人は、「少い」あるいは「多い」という認識を一般的な意味で理解しているわけではありません。そして、数量の認識はこれ以上には進みません。

属　性

いすは「その上に座るもの」です

　A段階の初めの段階の知能をもつ人は、使用目的にかなった使い方をすることで、それがどのようなものなのかを知ります。──スプーンは「食べるのに使う」もの、いすは「その上に座る」ものなどといったように。

　エヴァはプレゼントにパジャマをもらいました。肌触りのやわらかいきれいな色のすてきなパジャマで、彼女がそれを気に入ったことは確かでした。しかし、その夜遅く、手伝ってそれを着せようとしても、彼女

はいやがって着ませんでした。そこで、かわりに、いつも着ているネグリジェを出すと、やっときげんが直りました。

エヴァは、パジャマを着て寝たことがありません。彼女にしてみれば、ネグリジェが「着て寝る」もので、ズボンやシャツは「起きている時に着る」ものだったのです。

この段階の知能をもつ人は、自分が経験していて、その上今ここにあるものしか理解できません。

ばんそうこうはあります。でも、今ここにはありません

これよりもう少し進んだ段階の知能をもつ人は、目の前になくても他の所にあるということが理解できるようになります。そして、これが、物をあちこちさがすという行動になって表われます。

パールは、ばんそうこうが決まった戸だなの中にしまってあることを知っています。それで、けがをすると、すぐその戸だなの所へ行きます。

因 果 関 係

行動すれば、よい結果が得られます

私たちは、自分にとってよい結果がもたらされるような因果関係を知っています。言いかえれば、自分の周囲で起こるいろいろな出来事を結びつけ、その経験を通して結びつき方の法則性と蓋然性がわかるようになっているということです。ただし、こうなるためには、「行動すれば、よい結果が得られる」と思うような経験をしなくてはなりません。ある**感情**がある**行動**を起こさせ、そして、この行動があるよい**結果**をもたらすという経験を。

そうすれば、どのような行動によって（**原因**）、どのようなよい結果が得られるか（**結果**）がわかっていきます。

A段階の初めの段階の知能をもつ人は、よい結果を得るための対象を自分

の周囲で見つけ出し、それに向かって行動を起こすということが容易ではありません。ほとんどの場合、ある感情を、「そうすれば、たいていあるよい結果が得られる」という行動に結びつけます。例えば、自分が退くつして決まった動作をすると、職員がそれを読み取って、音楽のテープをかけてくれるだろうといったような結びつけ方をします。

自分の周囲にある「行動の対象」

これより進んだ段階の知能をもつ人になると、あるよい結果を得るには、**自分の周囲**で何が重要な意味をもっているかがわかります。

よい結果を得ようという目的意識をもって周囲のものを利用している様子がはっきりと見られます。要するに、自分の周囲にあるものの中で、望み通りの結果が得られることがわかっている対象を思い浮かべ、これを手がかりにして行動を選んでいるのです。

そして、自分の力だけでは対象に手が届かない場合には、道具を使ったり、他の人に助けを求めたりします。例えば次のように……。

> パールは退屈すると、よく音楽が聞きたくなります。そういう時には、職員を呼んできて、テープレコーダーの所に連れて行きます。

まとめ

A段階の知能をもつ人は、身体言語を使って自分が望んでいることを表現します。話し言葉を聞いても理解できませんし、話すこともできません。また、写真も理解できません。

A段階の初めの段階の知能をもつ人は「再認」ができます。それより、進んだ段階の知能をもつ人になると、「再生」ができます。

A段階の知能をもつ人による空間の認識の範囲は、自分が今いる所だけしかわからないという程度から、自分がよく行く所なら、そこを思い浮べることができるという程度までです。この段階の知能をもつ人は、自分の住まい

のまわりの限られた区域なら道をおぼえることができます。従って、毎日行く所は道に迷わずひとりで行けるようになります。

　A段階の知能をもつ人はほとんど「現在」に生きています。ただし、決まった順序で毎日くり返している事を手がかりにして、ある程度の時間の認識はできます。従って、ある事が終わると、次に起こる事が期待できます。

　量が多いか少ないかの区別はできます。しかし、数は理解できません。

　使用目的にかなった使い方をすれば、そのものがどんな属性をもっているかわかります。どの程度わかるかは経験によって決まります。

　「行動すれば、自分にとって価値のある結果が得られる」と思えることは大切です。このような経験は、因果関係の認識が発達する基盤となります。

考えてみること・話し合ってみること

★　パールとエヴァは、非常に狭い範囲の中だけですが、方向の目印の助けを借りれば、道がわかります。施設の建物の中や施設の周囲などで、部屋の位置や道がこのふたりにもっとわかりやすくなるようにするために、その環境を変えることができると思いますか。重度の視覚障害児の寄宿制学校では、例えば、校内で生徒たちに簡単に道がわかるようにするために、道の表面にいろいろな工夫がしてあります。

★　重度の知的障害をもつ人をあなたが知っていたら、その人の時間の認識について思い出してみましょう。これから起こる事に対して期待を表わすことがありますか。もしあれば、どのような場面でどのように表現しますか。属性の認識についてはどうでしょうか。身の回りにある物の中で何をどのようにして使っていますか。因果関係は理解できるでしょうか。言いかえると、自分の望み通りにしようという目的意識をもって何かすることがありますか。

第4章
B段階

写真・言葉・経験

　B段階の知能をもつ人は写真や話し言葉が理解できます。また、自分でも話せます。さらに、単語を「丸ごと」、言いかえれば、ひとつの図形として読むことができます。しかし、どんな言葉でも写真でもわかるというわけではありません。今までに経験したものに限られています。経験のないものについては、言葉で説明されただけでは理解できません。自分自身で実際に試してみなくてはなりません。従って、自分が何をしたいかがわかるためには、自分で経験することが必要です。一度経験していれば、自分でもその経験を言葉で表現することができますし、それを他の人に言葉で表現されても、意味がわかります。

　今年の春、カーリンは、FUB（知的障害協会）の青年部の集会に出かけました。集会では、春の行事をみんなで決めることになっていました。カーリンは、何を提案したらいいのかわからなくて困りました。集会の世話役が、ボウリングや博物館の見学など、カーリンたちに実行できそうなことをあれこれ言ってくれました。それでも、カーリンたちはよい考えが浮かんできません。結局、選ばれた行事はほとんど世話役が言い出した案でした。そして、秋にもまた集まり、秋の行事について同じように相談しました。カーリンも、今度は春の時より楽に提案できると思いました。しかし、彼女が提案できたのは今年の春に実行したことばかりでした。

第4部 どのように、また、なぜ、私たちは理解するのでしょうか？

　カーリンには余暇活動の経験があまりありません。そして、経験のない活動について言葉で説明されても、それがどんなものか思い浮べることもできません。それで、新しい提案をすることができなかったのです。

経験は分類されます

　B段階の知能をもつ人の場合、空間、時間、数量、属性、因果関係の認識の基盤となるのは自分自身の経験だけです。ただし、この段階の知能をもつ人は「再生」ができますし、記憶を支える働きをするシンボル（写真や話し言葉）もある程度理解していますので、自分の経験を全部五つのカテゴリーに整理することができます。A段階の知能をもつ人の場合は、これらのカテゴリーを構成するものは、ほとんど、「今ここで経験しているもの」に限られていますが、B段階の知能をもつ人になると、それよりずっと多くなります。

空　間

ひとつの区域の中なら道がわかります

　B段階の知能をもつ人は、今ここにないものを思い浮べること、いわゆる「再生」ができます。つまり、今までに行ったことのある区域や場所を「思い出す」ことができるのです。これによって、空間の認識の範囲が広がります。ただし、自分自身が行ったことのある所までに限られますが。この段階の知能をもつ人には、他にもいろいろな所が存在するということは考えられません。
　道に迷わない区域は**身近な空間**と呼ばれています。そこでは、他の所でするように、方向の目印に頼ることはありません。
　今までに1回か2回しか行ったことのない所だと、古い建物がなくなって新しい建物が建てられていたりすると、混乱して道がわかりにくくなります。しかし、よく慣れている区域なら、同じような変化が起きていても、それほど大きな影響を受けることがありません。というのは、道を覚えるのにそこ

の様子を手がかりにしているわけではなく、どちらの方向にどのくらい歩けばよいかということを手がかりにして覚えているからです。

　B段階の知能をもつ人は、自分の住まいの近辺やデイセンターの近辺など、よく行く区域なら、道がすぐわかるようになります。

ある区域から別の区域へ行く道を見つけます

　ところが、いくつかの身近な空間を結びつけて、それらをひとつの大きな空間としてまとめることはできません。つまり、いろいろな区域の間にどのような位置関係があるのかがわからないのです。ある区域から別の区域へ行く道は、**方向の目印**の助けを借りて見つけます。最初の目印を次の目印と結びつけ、それをまたその次の目印と結びつけるといったようにして、方向の目印の**鎖**をつくって、それを頼りに道を見つけます。この段階の知能をもつ人は、ひとつの区域がもうひとつの区域のどの方向にあり、その間の距離がどのくらいかということはわかりません。

　　カーリンは、新興住宅地にあるグループホームに住んでいます。そこの建物はみな似ているので、よく道に迷いそうになります。でも、何とかひとりで、グループホームとデイセンターの間を往復しています。
　　ある日、デイセンターから帰ってきて、彼女は、グループホームの玄関の前を通りすぎて歩いて行ってしまいました。職員のひとりが窓ごしにカーリンを見かけて、大きな声で呼びとめ、どこへ行くのとたずねました。すると、彼女は、びっくりした様子で上を見上げました。そして、もどってきて玄関から入ってきました。それから少しして、遅番の職員が出勤してきて同僚に言いました。「今日は、玄関の前を通りすぎそうになったんですよ。カーテンを取り替えたなんて知らなかったので、玄関の前を通ったのにほとんど気がつかなかった」と。これを聞いて、みんなは、カーリンが「変だな」とも思わず、玄関の前を通りすぎていってしまった理由がわかりました。

第4部 どのように、また、なぜ、私たちは理解するのでしょうか？

時　間

時間の順序

B段階の知能をもつ人は「再生」ができますし、記憶を支える言葉や写真も利用できるので、ある程度時間の認識ができます。そのため、出来事を時間の順に分類することができます。つまり、「以前」と「以後」、「昨日」と「明日」の意味がわかるということです。

「月曜日」はいつですか

しかし、時間を表わすその他の言葉、すなわち、曜日、月、時刻などは理解するのが容易ではありません。

　　毎週月曜日、カーリンは、デイセンターの仲間といっしょに生活実習用アパートに行きます。そこで、料理をしたり、洗たく機を使って洗たくをしたり、その他いろいろな家事を習っています。そこに行く時には、汚れ物を少しもっていくことになっています。毎週金曜日になると、カーリンは、次の月曜日には汚れ物をもって行くのを忘れないようにとデイセンターの職員から言われるのですが、たいてい「忘れ」ます。だからと言って、知的障害をもつ人は忘れっぽいということでは**ありません**。そうではなくて、カーリンには、「次の月曜日」という時間を表わす言葉がよく理解できないだけなのです。彼女には、自分自身の行動を通してはっきりわかるような方法で時間が表示されることが必要なのです。もし、別々の色で曜日が表わしてある日めくりカレンダーをもっていたら、彼女は、汚れ物をもって行く日を簡単に知ることができるでしょう。職員は、「青い色の日に汚れ物をもってきて」と言えばよいのです。このような方法をとれば、彼女は、他の人にそれほど頼らなくても思い出せるようになるでしょう——そして、もっと自立できるようになるでしょう。

1時間はどのくらいの長さでしょうか

また、何かをするのにどのくらい時間がかかるのかを理解することも容易ではありません。というのは、どのくらいかかるかを、**自分が感じる時間の長さ**だけをもとにして判断しているからです。従って、例えば、「1時間」という時間を理解することができませんので、1時間でどのくらいのことができるかもわかりません。

毎週火曜日の夜に、カーリンはたて笛のレッスンに出かけます。デイセンターは5時に終わります。レッスンは7時から始まります。ですから、彼女には空いた時間が2時間あって、何か他のことができます。しかし、カーリンは、この2時間で何ができるのかわかりません。それで、彼女は、デイセンターから直接たて笛教室に行くことにしています。そして、そこで、レッスンが始まるまで座って待っています。

数　量

いろいろな数があります

B段階の初めの段階の知能をもつ人になると、数を認識し始めています。いろいろな数が存在していることがわかるようになるのです。しかし、それらの数の数詞を理解するというところまではいかないでしょう。

マッツは、カーリンと同じグループホームに住んでいます。彼は、5枚の皿を出してくるように言われても出せません。しかし、テーブルについて食事をしようとしている5人の人たちに1枚ずつ皿を出すことなら、間違いなくできます。また、「いくつ」という質問にはなかなか正確に答えられません。例えば、「グループホームには**何人**住んでいますか」とたずねると、返事は日によって違います。彼の頭が混乱しているわけ

第4部 どのように、また、なぜ、私たちは理解するのでしょうか？

ではありません。また、何人住んでいるのか知らないのでもありません。質問を変えて「**誰と住んでいるのですか**」とたずねると、いっしょに住んでいる4人の人の名前をあげます。つまり、誰とそして何人の人たちといっしょに住んでいるかを知っているのです。さらに、マッツは、お金とお金の価値についてもよくわかっていません。例えば、バスに乗って6クローネを払う時、**1枚の**10クローネ札を出して、おつりに「**4個の**」1クローネ硬貨をもらうと、おつりをもらいすぎたように感じます。

お金を使うこと

初めの段階より進んだ段階の知能をもつ人になると、数だけでなく数詞も理解できるようになります。例えば、「いくつ」という質問に対して、カーリンはマッツより正確に答えることができます。つまり、彼女は、「7」という数詞が、どんな物の場合でも7という決まった個数を意味していることを知っているのです。また、彼女はマッツよりお金の価値がわかっていて、それぞれの紙幣で買える品物をだいたい覚えています。

カーリンは時々ダンスに出かけます。入場料は10クローネです。カーリンは**10クローネ札**を出します。ダンスの途中で、彼女はいつもビールを一杯飲みます。そして、その代金が**2枚の10クローネ札**で足りることは知っています。でも、本当はいくらなのか知りません。

属 性

自分自身の経験

B段階の知能の段階が進むにつれて、ひとつのものがもつさまざまな性質を区別することが次第にできるようになっていきます。例えば、リンゴは「食べられる」ものであるだけでなく、丸いもの、赤や緑色をしているものといったように。また、同じ性質をもつものとか、似ているものをひとつの

グループにまとめることもできます。ただし、それらは自分自身の経験があるものに限られます。例えば、自分が食べたことのあるチーズの他に、別の種類のチーズがあるとは全く考えられません。

　つまり、B段階の知能をもつ人には、決まったもの以外にそのものは存在していないということです。「チーズ」の概念は、自分が食べたことのある「あのチーズ」として理解されているのです。

　　ある日、カーリンは、デイセンターの仲間たちといっしょに市立博物館に出かけました。彼女は、そこに行きたいと前から思っていました。博物館にはこれまで一度だけ行ったことがあります。グループホームのみんなとストックホルム見物をした時に動植物博物館にも行ったのです。そして、とても楽しい所だと思いました。でも今回、カーリンはがっかりしました。彼女にとっての「博物館」とは、はく製の動物がたくさん展示してある「ストックホルムの動植物博物館」のことだったのです。市立博物館には、昔の家具、絵画、民族衣裳などが展示してあることを、職員が前もって話しておいたのですが、それでもカーリンは、はく製の動物が展示してあるものと思いこんでいました。その上、カーリンには、「昔の家具」や「絵画」が何なのかわからなかったのです。

　B段階の知能をもつ人は、それぞれのグループに、例えば「博物館」というグループに含まれるものについて、一般的な認識をもつことができません。

ピラミッド

　属性の認識の発達はピラミッドにたとえることができるでしょう。私たちは、最初、すなわち基礎の段階では、たくさんの小さなグループがあることを知ります。次に、これらの小さなグループのいくつかの間に共通性があることが次第にわかっていきます。そして最後に、これらのグループを**ひとつの大きなグループにまとめます**。いわば、ピラミッドの頂点に達して全体を見渡すということになります。

第4部 どのように、また、なぜ、私たちは理解するのでしょうか？

①ストックホルム　1900

②1900年代

因 果 関 係

出来事と出来事を結びつける

　B段階の知能をもつ人は、以前の経験を思い出すことができます。また、このような記憶の働きを支える言葉や写真を使うこともできます。ということは、因果関係の認識という点では、A段階の知能をもつ人に比べると、この関係を意識して出来事と出来事を結びつけられるということです。この段階の知能をもつ人は、あれが原因でこれが起こったのだろうというように考えられるので、ある程度の**因果関係**がわかります。ただし、その関係は、自分自身で経験したものに限られています。

　　カーリンはテープレコーダーをもっています。彼女は、決まった入れ方でカセットを入れて、ボタンを**押せば**、音楽が**流れてくる**ということを覚えました。週末に両親の家に帰ってみると、両親が買ったテープレコーダーがありました。カーリンは嬉しくなり、すぐテープレコーダーに近寄りました。そして、カセットを見て、中からよさそうなのを選び出しました。ところが、カセットを入れようとした時、赤いボタンがないことに気がつきました。――いつも自分が使っているテープレコーダーで、カセットを入れる時にまず押すあの赤いボタンが。カーリンは、自分自身の経験したことだけについて、因果関係を理解することができます。しかし、自分のテープレコーダーから得た因果関係の知識を他のテープレコーダーに応用することはできません。

自分自身で経験した因果関係でないとわかりません

　B段階の知能をもつ人には、自分自身の経験によって結びつけた原因と結果の一部を変えること、言いかえれば、別の結果を考え出すということが容易ではありません。

第4部 どのように、また、なぜ、私たちは理解するのでしょうか？

　ある土曜日の午後、カーリンは仲間といっしょにテレビを見ていました。突然、テレビと部屋の電燈が消えました。職員がやってきて、停電になったと告げました。そして、電気が通じなくなってしまったので、テレビや電燈が消えたと説明しました。また、グループホームにいる人たちではどうすることもできないので、電気がまた通じるまで待っているしかないと話しました。やがて、カーリンは、みんなでコーヒーを飲もうと思い、コーヒーを入れようと台所に行きました。そして、いつもの手順で支度を始めました。コーヒーメーカーに水を入れ、コーヒーの粉を計ってそれに入れてから赤いボタンを押しました。そして、丸パンやカップ、砂糖などをおぼんの上に並べました。それから、コーヒーをコップにつごうとすると、コーヒーがまだできていませんでした。彼女は大声で職員を呼び、コーヒーメーカーがこわれてしまったと告げました。コーヒーメーカーも電気で動くので、停電すると、動かなくなるという因果関係を考え出すことが彼女にはできなかったのです。

試してみなければなりません

　B段階の知能をもつ人は、いろいろ考えて結論を出すということが苦手ですので、停電のような予期しないことに出会うと、とても感情的になってしまいます。さまざまな因果関係を理解するには、それらを直接経験してみなくてはなりません。つまり、決まった順序で行動したら何が起こるかを自分で試してみて知ることが必要なのです。また、この段階の知能をもつ人は、原因がひとつだけではなく、いくつにもなる場合があることもなかなか理解できません。カーリンは、「赤いボタンを押しさえすれば、コーヒーメーカーがコーヒーをわかす」と思いこんでいます。電気コードが付いていることや、電気が流れていることはわかっていません。
　さらに、原因が今ここにないと、因果関係を理解することもなかなかできません。その一例としてあげられるのは、社会におけるいろいろな法律と自分の立場との間の因果関係です。

まとめ

　B段階の知能をもつ人は写真や話し言葉がわかります。また、自分でも話すことができます。写真や文字によってシンボル化されているものについては、経験があるものでなければ理解できません。

　自分の経験を、空間、時間、数量、属性、因果関係の五つカテゴリーに整理します。

　よく行く区域なら道に迷うことはありません。ひとつの区域からもうひとつの区域までの道は、決まった順序で現れる目印の助けを借りて見つけます。起きた順に出来事を分類しますので、ある程度時間の認識ができます。しかし、時間を表わす言葉そのものを理解するのは難しいでしょう。また、ある行動をするのにどのくらいかかるかや、決まった時間、例えば1時間でどんなことができるかを判断することも容易ではありません。

　いろいろな数があることはわかりますが、それらの数詞を知ることは難しいでしょう。限られた種類の紙幣なら、使い方を覚えることができるかもしれません。

　似たものを集めて、それぞれのグループにまとめます。各グループは経験のあるものだけで構成されます。各グループに何が含まれるかはその人の経験によって決まります。

　いろいろな出来事の間の因果関係がわかります。ただし、自分自身の経験に基づいたものしかわかりません。決まった順に行動した時何が起こるかをまず自分で試してみないと、結論を引き出すことができないのです。

考えてみること・話し合ってみること

★　B段階の知能をもつ人は時計の見方がわからないので、行動に要する時間を判断することや時間を守るということが容易ではありません。カーリンは、1週間を計画的に過ごせるように、曜日ごとにちがう色になっている日めくりカレンダーをもらいました。所要時間を判断すること

や時間を守ることが容易になる方法を他に何か思いつきませんか。

★　私たちは、知識の大部分を、新聞や本を読んだり看板を見たりして得ています。そして、こうして得た知識に基づいて、それぞれの状況でどう行動すべきかを決めています。B段階の知能をもつ人は読むことができません。読むことを通して、私たちが外界についてどんな種類の情報を得ているか考えてみてください。もし、これらの情報が得られなかったら、どのようにしていろいろなことを理解するのかも想像してみてください。また、読むことに代わる情報伝達の方法についてもを考えてみましょう。

★　あなたが普通の夕食の支度をするとしましょう。帰宅して家の中に入ってから、料理がテーブルに並ぶまでの間に知能をどのように使うか考えてみてください。

　空間の認識や属性の認識などをどのように使いましたか。B段階の知能をもつ人のことを思い浮かべてください。その人が、あなたと同じ方法で料理をするとしたら、知的障害によってどんなことが難しくなると思いますか。それらを少なくするにはどうしたらよいでしょうか。

第5章
C段階

読み書き計算ができます

　C段階の知能をもつ人は、日常生活がほとんどができるほど、現実に対する一般的な認識をもっています。
　読み書きもできます。ただし、どんな文章でも読んで理解できるというわけではありません。文章の中に登場する人物の経験する出来事の順序が、現実の生活で起こる場合と同じであるような内容のものでなくてはなりません。つまり、文章の内容が過去、現在、未来とめまぐるしく変わると、わからなくなります。また、扱う場所があちこちにとんだりしても、よく理解できません。話し言葉の理解についてもこれと同じことが言えます。
　C段階の知能をもつ人は、「尻に帆をかける」とか「耳を貸す」など、ことわざや慣用句もよく理解できません。これらを理解するためには、文字通りの意味を無視して、表現に直接表われていない要点や考えを理解し、それらを日常生活の場面に移しかえなくてはならないのです。
　ところで、C段階の知能をもつ人に書き言葉が理解できるということは、次のような意味をもっています。すなわち、この段階の知能をもつ人は、文字の組み合わせでつくられている言葉が、現実に存在する事物を表わす（シンボル化する）ものであると認識しているということです。ただし、現実の範囲から一歩踏み出せるというわけではありません。従って、シンボルのシンボルまでは理解できません。その一例として、数詞を使った計算があげられます。数詞は数のシンボルで、数は数量のシンボルですから、理解することができないのです。

第4部 どのように、また、なぜ、私たちは理解するのでしょうか？

行動に頼らなくても考えられます

　B段階の知能をもつ人の場合、空間・時間・数量・属性・因果関係についての認識は、自分自身の経験だけに基づいて行なわれます。C段階の知能をもつ人になると、「頭の中で」考え、結論を引き出します。行動に頼らなくても考えられると言えましょう。従って、これらの認識の内容には未経験のものも含まれています。例えば、自分が一度も行ったことのない場所が存在することがわかります。要するに、C段階の知能をもつ人は現実に対する一般的な認識をもっているということです。

　とはいえ、五つのカテゴリーの認識内容は、やはり、実物や実際の出来事によってそれぞれ構成されています。現実から一歩踏み出し、物事の具体的な形を無視して、その概念だけをとらえるということはできません。「現実」が、絶対的で決定的な限界をもたらしています。そのため、この段階の知能をもつ人には、例えば、「自由とは何か」といった理論的な問題の討論をすることはできないのです。

空　間

世界にはいろいろな場所があります

　C段階の知能をもつ人は、まだ行ったことのない場所が世界中にたくさんあること、また、地球は宇宙の一部分であることを知っています。さらに、地図は、実際に存在する多くの場所や国を表わしているということもわかっています。ただし、地図が、面積を縮小して、実際に存在する場所を正確に表わしているものだという点は**わかっていません**。そのため、地図を使って、一度も行ったことのない場所に行く道を探すことはできません。

どの道が一番よいでしょうか

　また、同じ場所に行けるいくつかの道の中から一番便利な道を選び出すのも苦手です。
　このようなことをする時には、まず、それぞれの道を頭の中に思い浮かべ、次に、便利な点不便な点をそれぞれについて判断します。そして、最後に、これらをあれこれと比べ合わせて考えます。つまり、自分の考え出したことを頭の中で「操作する」のです。C段階の知能をもつ人にはこの「操作する」ということができません。

時　間

過去と未来

　時間には、歴史的な時間や未来もあるということを理解しています。また、時計の見方もわかります。すなわち、時計の針の位置を見て何時かがわかるということです。しかし、自分が生活している場所での太陽の位置によって時刻が決められているということを理解するのは難しいでしょう。そのため、例えば、スウェーデンでは今午後なのに、どういうわけでアメリカでは午前になるのかよく理解できません。
　また、「では、2時間後に会いましょう」という決め方をされた時に、何時に会うのか理解するのも難しいでしょう。というのは、そう言われると、まず、時計を見て今何時か確かめ、それに2時間足さなければならないからです。
　頭の中で計算することはできるのですが、たいていかなりの時間がかかります。そして、「2時に会いましょう」と言われた場合とは違って、結局、何時に会えばいいのか自信がもてなくなってしまいます。

時間を計画的に使う

　C段階の知能をもつ人にとっても、やはり、何かをするのにかかる時間を判断するのはとても難しいことです。そのため、時間を計画的に使うということが容易ではありません。計画を立てる時には、できそうなことをいろいろ考え出し、それぞれにかかる時間を判断するということを頭の中でしなければなりません。

　従って、例えば、「会うのは6時がいいんじゃないかな。そうすれば、用事をすませてから行っても、映画が始まる前にゆっくり切符を買う時間があるから」といった判断をするのは難しいことなのです。

数　量

計算ができます

　C段階の知能をもつ人は計算ができます。それも、四則計算ができます。ただし、かけ算とわり算はたし算ひき算より難しいでしょう。また、暗算も時間がかなりかかるでしょう。そのせいで、例えば、買物をしておつりをもらった時に、それが合っているかどうかはっきりしません。

　お金の意味や、紙幣・硬貨の種類やその両替などについてはわかります。しかし、小切手とかクレジットカードによる支払いについてはよくわかりません。というのは、買う品物をシンボル化したものがお金で、このお金をさらにシンボル化したものが小切手やクレジットカードなのですから。つまり、これらは、お金よりもう一歩現実から遠ざかったものになります。シンボルのシンボルになると理解することはできません。

銀行はどんな働きをしているのでしょうか

　クレジットカードによる支払いが理解できないので、銀行がどのような働

きをしているのかを理解するのも容易ではありません。お金を銀行に預け、預金通帳をもっていたとしても、預金通帳も、お金というシンボルをさらにシンボル化したものですから、自分のお金が銀行に本当にあるのかどうかはっきりしません。例えばアンは、銀行員が、「彼女の」お金を数えてカウンターの上に置いてくれるまで、自分のお金が銀行に本当にあるのかどうかはっきりとしませんでした。

お金を計画的に使う

①映画代など　②電話料金　③家賃　④テレビ受信料

第4部 どのように、また、なぜ、私たちは理解するのでしょうか？

シンボルのシンボルを理解するのが苦手なので、自分のお金を計画的に使うのも上手ではありません。私たちは、例えば、家計費の予算を立てる時に現金そのものは全く使いません。現金の代りに、給料明細書、払込通知書、領収書などを使います。これらも全部お金のシンボルです。

そして、家賃、電気料金、電話料金、新聞代、保険料、食費として、給料のうちのどのくらいを残しておかなければならないか判断します。ところで、請求書は、月に1回規則的に送られてくるものもあれば、四半期ごとに1回、もっと少なくて1年に1回送られてくるものもあります。知的障害をもつ人にはこのような請求の仕方がよく理解できないため、他の人と同じ方法で予算を立てようとしても、なかなかうまくいきません。

また、キャンディ代としての50クローネは多すぎるけれど、食費としての50クローネは決して多くないといったことも理解しにくいでしょう。つまり、お金の相対的な価値がわかりにくいということです。

属　性

経験していなくてもわかります

C段階の知能をもつ人は、今までに一度も見たことのない動物や家具、聞いたことのない音楽、食べたことのない料理、読んだことのない本が存在していることを知っています。

B段階の知能をもつ人にとって、これらの概念やこの種の概念は自分自身で経験したもの自体でした（カーリンにとっての博物館の意味を思い出してください）。C段階の知能をもつ人になると、例えば、どんな博物館でも「博物館」を意味します。グループをつくる時には、経験していないものでも、「同じ意味をもつもの」としてそれに含めることができるようになるのです。

理解できるのは具体的な属性です

それでもやはり、物事の属性を直接経験によって判断します。例えば、ど

んな感じがするもの、どんな音がするもの、どんな匂いがするものといったように。それぞれのグループにどのようなものが含まれているかを具体的な属性に基づいて理解していると言えましょう。

　この段階の知能をもつ人には、概念を把握するということができません。言いかえれば、具体的な形を無視できないということです。従って、例えば、缶詰を開ける時に、ハンマーとドライバーで缶切りの代用をするといったことはできません。缶切りの原理がわからないのです。そのため、缶切りを他のもので代用する場合には、この二つの道具が必要であることもわかりません。

因　果　関　係

因果関係を考え出すことができます

　「もし～ならば、～になるだろう」という推論ができます。B段階の知能をもつ人の場合と違って、直接経験してみなくてはわからないということはありません。

　　　エリーサベトは、40歳の誕生日に友だちを自宅に招待します。お客は大勢です。彼女は、１ＤＫの狭い自宅で夕食に招きます。もし友だちがみんな座ろうとしたら、台所のテーブルだけでは足りなくなるだろうということが、試してみなくても彼女にはわかります。そこで、部屋にあるテーブルを台所にもってきて、いっしょに並べました。

　要するに、C段階の知能をもつ人は、直接経験しなくても、以前に同じような経験をしたことがあると、特定の原因―結果関係を理解することができるのです。

　ただし、推論できたり因果関係がわかったりするのは、自分自身で経験できるようなもの、言いかえれば、因果関係が具体的である場合に限られます。自分にどのような影響が及ぶことになるのかを一般的な推論によって判断す

ることはできません。
　その例として、県の援護委員会が提案した来年度の予算案の一部を以下にあげてみましょう。

◇既設並びに設置予定のグループホームの4分の3と、06タイプ並びに05タイプのグループ住宅において、職員をそれぞれ25％減員。
◇常勤からパートタイマーへの切り替え（目標―100人以上）。
◇短期補助金の削減。

　知的障害をもつ人にとって、このようなタイプの情報はあまりにも漠然としすぎています。そのため、これらの情報からは、予算案が自分にどのような影響を及ぼすことになるのか理解できません。

さまざまなことが影響しあっています

　因果関係はいつも単純であるというわけではないので、物事が起こる原因もひとつだけとは限りません。むしろ、さまざまな原因が重なっているという場合が多いものです。
　例えば、県の援護予算とその組み方には、スウェーデン社会全体の経済情勢、政府の施政方針、県の経済、県の施政方針などがからんでいます。また、個々の政治家の援護についての知識と関心も影響を与えますし、さらに、個々の公務員の態度もある程度影響を及ぼします。そして、このような事情は、知的障害をもつ人には理解しにくいでしょう。
　従って、これらの要因（原因）が県の援護施策（結果）にどのような影響を及ぼすのかも理解しにくいのです。
　この予算の例よりもずっと簡単な因果関係の場合であっても、「いくつかの行動あるいは出来事が重なってある結果がもたらされる」ということを知的障害をもつ人が理解するのは容易ではありません。

まとめ

　C段階の知能をもつ人の場合、知的障害そのもののせいで、日常生活を送るのが非常に不自由になるということはそれほどありません。ほとんどのことが自分でできます。

　読み書きや計算もできます。ただし、文章の場合は、文中の出来事の順序が現実の生活で起こる通りに書いてあるような内容でないと理解できません。

　「頭の中で」考え出すということはできます。また、自分自身で経験したことのない物事が存在していることもわかります。

　いろいろある中から、どれが最も適切かを判断して選ぶということは難しいでしょう。

　時間やお金を計画的に使う場合には、難しいことがいくつかあるでしょう。小切手などのシンボルのシンボルは理解できません。

　ある物を他の物で代用するのは苦手です。というのは、その概念や原理が理解できないからです。

　多くの原因が重なって起きた出来事の場合には、その因果関係を全体的にとらえることは困難です。

考えてみること・話し合ってみること

★　この第5章では、軽度の知的障害をもつ人の場合には、その障害のせいでどんなことが理解しにくくなってしまうのかについて述べてみました。あなたが軽度の知的障害をもつ人を知っていたら、その人には何がうまくできないのか考えてみてください。

　そして、それはなぜなのかを、知能と知能の発達についてこの第4部で読んだことをもとにして説明してみましょう。

　知的障害をもつ人が出会う困難のうち、障害自体によって生じたものはどれか、障害よりもむしろその人の経験によって生じたものはどれか

第4部 どのように、また、なぜ、私たちは理解するのでしょうか？

考えてみましょう。

★ 軽度の知的障害をもつ人の中には、社会に出て、アパートで生活している人もよくいます。このような人たちの多くは、お金を計画的に使うことや、1か月のお金のやりくりをすることが苦手です。これは、シンボルのシンボルである払込通知書や支払通知書、領収書といったようなものがよくわからないせいです。

知的障害をもつの人が予算を立てる時に援助できる方法として、どのような具体的な計画の立て方があるか考えてください。

★ 軽度の知的障害をもつ人は読むことができます。ただし、どんな文章でも読めるというわけでもありません。読んで理解するために大切な点は、文中の出来事の順序が現実の生活で起こる通りに書いてあること、また、文章が漠然としすぎたり理屈っぽくなりすぎたりしないこと、さらに、言うまでもないことですが、それぞれの文章が長すぎたり、従属文が多すぎたりしないことです。

官庁の情報パンフレットや新聞から適当な文章を取り出して、わかりやすい文章に書き直してみましょう。

第5部

感情・意思・表現

感情とその働き

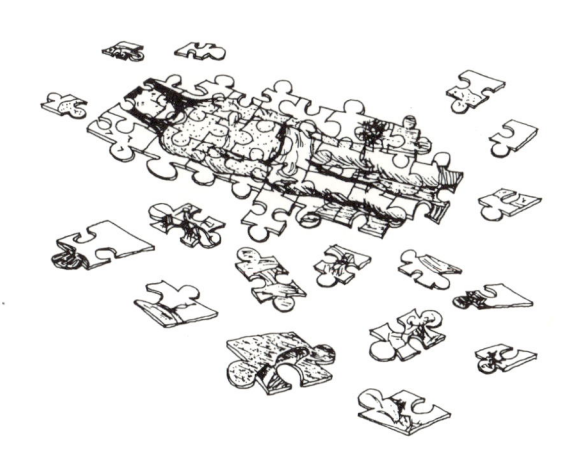

はじめに

　ふたりの人がいっしょにいる時に、お互いに楽しいと思うための必要条件は、相手が何を感じているかをふたりとも知っていることです。私たちは、他の人の感情の働き方を自分自身の場合と比較して、言いかえれば、その人と同じような状況におかれた時自分がどう感じたかを思い出して学びます。また、感情についてみんなで話し合うといったことによって学ぶこともあります。

　従って、相手が自分と違う経験をもっている場合には、その人の感情について理解するのが非常に難しくなります。特に、まわりの人との人間関係の経験や、どのような感情表現が許されてきたかという経験が違う場合には。その上、相手が感情を言葉で表現しない人である場合には、当然ながら、さらに難しくなるでしょう。

　知的障害をもつ人は私たちと違う経験を数多くしています。そのせいで、時々、わかりにくい感情表現をすることがあります。これは、障害が原因なのではなく、経験の違いによるものです。

　この第5部では、他の人の感情の働き方が理解できるようになるために注意しなくてはならない重要な点について、第1部『ペーテルってどんな人？』に登場するペーテルを例にとって述べてみたいと思います。

第5部 感情・意思・表現

第1章
感情の表現と理解

　知能とは関わりなく、どの人にとっても、感情は行動を起こさせる力となります。私たちが何かをする時には、必ず、そうしたいという意思があります。そして、意思も感情なのです。
　存在しているということは、感情をもっているということです。感情が、仕事に行くとか買物をするといった日常的行動に直接結びつくことはありません。しかし、よく考えてみると、感情にすっかり支配されてしまうことはないにしても、これらの行動にも常に何かしらの感情がともなっているものです。

感情はどのように発達していくのでしょうか

　お腹が空いた、悲しい、トイレに行きたいといったように、いろいろな感じ方を区別できるのは、生まれつきそうできるようになっているからではありません。区別できるように学びとらなくてはなりません。
　いろいろな感情や要求は初めからはっきり区別されるわけではなく、最初は、何となく快い感じ、あるいは不快な感じとして経験されるだけです。
　何となく不快感を感じると、私たちは、これを取り除きたくなって行動を起こします。また、他の方法でも、取り除くことができます。それは、このような不快感を感じていることを理解し、どうすればよいかわかってくれる人がまわりにいて、取り除いてくれることです。
　食べさせてくれたり、何かをさせてくれたり、横になって眠らせてくれるといったように、自分のいろいろな要求を他の人が区別し、かなえてくれる

と、どれもみな同じようなものとして経験してきたいろいろな感情や要求を自分自身で区別できるようになっていきます。例えば、空腹の時には、退屈した時や疲れている時とは違った感じがするといったように。

「さあ、家の中に入ろう。くたびれて眠くなったみたいだね！」

ただし、区別できるようになるには、自分の行動を他の人に的確に読み取ってもらわなくてはなりません。つまり、決められた時間でなくても、**お腹が空けば食べ物が得られ**、**退屈すれば何かすることができ**、**疲れて眠くなれば眠ることができ**なくてはならないのです。

毎日決められた時間に食事をしたり、作業をしたり、眠ったりしなくてはならない所で生活していると、感情や要求を区別できるようになるのは難しいでしょう。

　　ペーテルは、7歳までおかあさんと暮らしていました。ペーテルが何か表現すると、おかあさんはいつもそれに応えてくれていました。そして、そうすることによって、彼がいろいろな感情を自分で区別し、表現できるようにしてくれました。また、おかあさんが応えてくれたおかげで、ペーテルは基本的安心感を得ることもできました。彼が、「自分は、感情や要求を表現したり満足させたりしてもいいのだ」と思えるのも、このような安心感があるからです。

いろいろな感情や要求を区別することを覚えると、それらをもっとはっきり表現し始めるようになります。例えば、ある方法でお腹が空いていることを表わし、別の方法で退屈していることを表わすといったように。

もし、感情や要求を表現しても、誰も注意を向けてくれなかったら、表現しても無駄だと思うようになります。そうすると、まわりの人には、その人が何も感じず、何も考えていないように見えるでしょう。

その上、このような場合、その人は消極的になっていきます。そして結局は、発達が妨げられてしまうことになります。というのは、私たちの発達は、感情や要求を満足させる経験をどのくらいするかに左右されるからです。お腹が空いた時にいろいろな食べ物を食べた経験があると、お腹が空いたといっても、どのくらい空いているのか（何を食べたいと思うのか）がわかってきます。退屈な場合もまたそうです。退屈な時にいろいろなことをした経験があると、退屈の程度がわかってきます。

自分の感情をどのように表現していますか

　感情の表現の仕方は、その人が過去にどのような経験をし、現在どのような環境におかれているかということによって違ってきます。自分の周囲にいる人がめったに感情を表現しないような場合には、感情の表現の仕方を自分自身で覚えていくことが難しくなります。

　　ペーテルの友だちのアーネは、施設という環境の中で育ちました。彼が家庭で暮らしたのは2歳までです。しかも、その間にも、いろいろな検査やテストを受けるために長期入院をしました。長年にわたる施設生活はアーネの行動に大きな影響を与えています。彼は、自分が本当は何をどうしたいのかがよくわかりませんし、自分の感情を表現するのも苦手です。これは、アーネが、他の人たちとのやりとりを通して感情の区別や表現を覚えるということができなかったせいです。彼は、また、自分の意思で行動を起こすこともあまりありません。自分の今までの経験から、そんなことをするのは無駄だと思っているからです。

　自分の感情をどこに向ければよいのかということも、すなわち、自分自身にか、他の人にか、それとも物に向ければよいのかも、私たちは経験を通して学んでいきます。そして、怒ったり好きになったり、がっかりしたりといったさまざまな感情を、それぞれ、自分自身とか他の人、物とかに向けていくようになります。また、自分に感情を生じさせた人とか物に直接向けない時には、たいてい、別の人とか物に向けていきます。こういう場合には、なぜそうするのかがまわりの人には容易に理解できません。しかし、いわゆる否定的な感情は、他の誰にも、つまり、その感情を引き起こした人に対してさえも、それを表現しないようにするということを私たちはたいてい学んでいます。

　　ペーテルは、グニッラ、ビルギッタ、トルビョン、アーネといっしょ

第5部 感情・意思・表現

にグループホームで暮らしています。ペーテルたちは、春のピクニックの計画を職員といっしょに立てました。しかし、病気になった人が出たために、ピクニックはやむをえず延期になりました。ペーテルはこの計画をとても楽しみにしていて、その話をよくしていました。それなのに、当日、ピクニックが中止されたと聞いても、別に何も感じていないように見えました。数日後、職員は、ペーテルの様子がおかしいことに気がつきました。元気がないようですし、いつも楽しそうにしていたこと、例えば、台所の手伝いや音楽を聞くこと、自転車に乗ることなどもする気がしなくなっているのです。

どんな人といっしょにいるのかということも感情の表現に影響を与えます。好意をもっていて理解しあっている人といっしょの時の方が、きらいな人といっしょの時よりも感情を表現しやすくなります。

私たちはみな、自分の感情をいろいろな方法で表現しますし、表現の程度も違います。従って、感情そのものと感情表現とを区別することが大切です。感情を表現していなくても、何も感じていないというわけではありません。

他の人の感情をどのようにして理解しますか

私たちは、他の人との相互作用を通して発達していきます。従って、他の人が自分の感情表現をどのように理解してくれるかは、私たちに決定的な影響を及ぼします。

他の人の感情表現をどう理解するかは**その場の状況**によって違ってきます。例えば、ふたりの人が、バスの一番後ろの席に座っていて、笑いながら大声で話しているとしたら、私たちは、その人たちが酔っぱらっていると思うのが普通です。ところが、何人かのグループが、劇場のロビーなどで幕間に立って同じことをしているとしたら、その人たちはただ幕間を楽しく過ごしているだけだと思います。

「その場の状況」以外にも、他の人の行動を理解するのに影響を与える要因はいろいろあります。

そのひとつは**環境**です。環境によっては、そこに居る人たちを、「それぞれ異なる意思と考えをもつ個人」と見ることができなくなるようなものもあります。例えば、知的障害をもつ人が大勢住んでいる施設がそうです。そこでは、居住者に対して、「個人の集まり」というよりは、「一群の人」という見方をしがちです。そのせいで、その人たちは、自分の思い通りに要求を満たすことがなかなかできません。しかし、このような環境でも、ひとりひとりのことがわかってくればくるほど、その人たちを、「それぞれ異なる意思と考えをもつ個人」と見ることが容易になります。

つまり、**その人について**どのくらいよく**知っているか**も、その人の行動をどう読み取るかに影響を与えるのです。

さらに、当然のことですが、どのくらい**好意をもっているか**も非常に重要な点です。好意をもっていて、とてもよく知っていれば、その人のちょっとしたしぐさで、その人が何を感じているかがわかります。例えば、姿勢、顔の表情、視線、動作などで。また、そのようなしぐさをするにはそれなりの理由があるのだと必ず思います。そして、理由がすぐわからない場合には、見つけ出そうとします。

　　ペーテルは、商店街から帰ってきて、まっすぐ自分の部屋に入ってしまうことが時々あります。そして、部屋の隅に背中を丸めて座り、何もしないでじっとしています。あるいは、新聞を細かく引きさいています。ペーテルがグループホームに来たばかりのころは、職員も彼のことがまだよくわからなかったので、このような行動をとっても、あまり気にしませんでした。何か特別な意味があるわけではなく、それは、彼がもつ障害の一部だと思っていました。半年ほどたって、職員たちとペーテルはお互いのことがよくわかるようになりました。特に、職員のマリタは、ペーテルとよくいっしょにいましたので、お互いに相手のことがよくわかり、また気も合いました。
　　ペーテルのこのような行動が、本当は、誰もが示すのと同じ反応であるということに最初に気づいたのはマリタでした。外出した時、ばかにされたり、じろじろ見られたりすると、彼は怒ったり、悲しくなったり

します。ただ、彼は、誰もがしているような方法で、これらの感情を表現することを学んでこなかっただけなのでした。

　他の人の感情表現を読み取る時には、その人の行動や、その人がおかれている状況を手がかりにします。すなわち、その人と同じ行動をとる時、あるいは、同じ状況におかれている時、自分自身がどのような感情をもつかということと比較して読み取るのです。従って、他の人の感情をどの程度読み取れるかは、**自分自身の感情や反応**をどれだけ認識しているかによって決まります。マリタは、自分自身がばかにされたり、じろじろ見られたりした時どう感じたかということと比較して、ペーテルの反応を読み取ることができました。

「今日、商店街で何かあったんじゃないの？」

また、他の人の感情表現にどの程度敏感になれるかは、もちろん、自分がその時どのような**気分**なのかとも関係があります。もし、自分が何か問題をかかえていて、とても悩んでいたら、たぶん自分自身のことだけで精いっぱいになるでしょう。これに比べて、幸せで落ち着いた気分の時には、他の人の感情や要求にすぐ気づくことも多くなるでしょうし、その上、それらをもっと深く読み取れるようにもなるでしょう。
　さらに、その人の知的障害についてどんなことを**知っている**かも、その人をどのくらい理解できるかに影響を及ぼします。

　ペーテルは、新しい経験に対して興味がないように見えることがよくあります。例えば、デイセンターの仲間の家に遊びに行こうと誰かが言い出しても、それが、自分にとって初めての所に行かなくてはならないことになる場合には、たいてい、そうしたくないと言います。本当は、全く興味がないわけではないのかもしれません。でも、ペーテルの障害の程度だと、初めての場所に迷わず行くのは難しいことですし、彼は、自分に障害があることを認めたくないので、誰かに頼んで連れて行ってもらうよりも、行きたくないと言う方を選ぶのでしょう。

まとめ

　ふたりの人がいっしょにいる時に、お互いに楽しいと思うための必要条件は、相手が何を感じているかをふたりとも知っていることです。
　どの人にとっても、感情は行動を起こさせる力となります。何かをする時には、必ず、そうしたいという意思があります。そして、意思も感情なのです。
　いろいろな感情や要求の区別は学びとらなくてはなりません。私たちは、他の人たちとのやりとりを通してこれを学びとります。
　感情を表現しても、誰も注意を向けてくれなかったら、表現しても無駄だと思うようになります。そうすると、感情の発達は妨げられてしまいます。

感情の表現の仕方はさまざまです。例えば、その人がどのような経験をしてきたかといったことによっても違ってきます。

感情を表現していなくても、何も感じていないというわけではありません。感情そのものと感情表現とを区別することが大切です。

感情とその表現の仕方は、他の人たちとのやりとりを通して発達します。従って、他の人が自分の行動をどのように理解してくれるかは私たちに決定的な影響を及ぼします。

他の人の行動をどう読み取るかに影響を及ぼす要因はいろいろあります。

考えてみること・話し合ってみること

★　いろいろな感情が発達するために大切なのは、いつ食事をしたいか、いつ友だちと遊びたいかなど、いつ何をしたいかを自分自身で決められることです。また、いくつもの異なる経験をし、それらを通して、いろいろな感情の微妙な違いを体験する機会を次第にふやしていくことも大切です。

あなたが知っている（知的障害をもつ）人について次の点を考えてみましょう。行事などが行なわれる時、日時や内容の予定を立てることに参加して、何かをする機会がその人にはどのくらいあるでしょうか。

また、その人には、いろいろな感情や要求を区別することを教えてくれる人がまわりにどのくらいいたか、さらに、その人が、他の人たちとの関わりの中でどんな経験をしているかも思い出してください。

★　自分の周囲にいる人がめったに感情を表現しないような場合には、感情をどのように表現すればよいのかを自分自身で覚えていくことがなかなかできません。

知的障害をもつ人といっしょにいる時、あなたがどんな感情を表現しているか、また、どのように表現しているか考えてみてください。

★　感情そのものと感情表現とを区別することは大切です。
　あなたが知っている（知的障害をもつ）人は、いろいろな感情をどのように表現しているか思い出してみましょう。例えば、その人は、いくつもの違った感情表現をしているか、どう感じているかがあなたにはわかりにくいかなどを考えてみてください。

★　他の人の感情表現をどう読み取るかに影響を及ぼす要因はいろいろあります。
　本文に書いてある要因以外のものを何か思いつきますか。

★　その人をどのくらいよく知っていて、どのくらい好意をもっているかは、その人の行動をどう読み取るかに影響を及ぼします。
　例えば、あなたがよく知っている人について考えてみましょう。たとえ言葉で表現されなくても、その人が満足しているのか、幸せなのか、いらいらしているのかがわかるような「ちょっとしたしぐさ」を思い出してください。

第2章
自己理解

私たちは、自分自身について何を知っていて、また、どう思っているでしょうか

　自分自身のことをどう思うかは、自分に対する他の人の態度に左右されます。しかも、それは、自分がもっている力や個性よりも、むしろ、自分の外見や仕事ぶりなどを他の人がどう思うかによって決まることが実際には多いのです。

　自分自身のことをどう思うかは、**自尊感情**あるいは自己信頼と呼ばれています。

　私たちは、大勢の人たちと出会ったり、いろいろな所に出かけたり、さまざまな活動をしたりしているうちに、自分には何ができて何ができないかを知っていきます。つまり、**自己知識**をもつようになるのです。

　自尊感情と自己知識はお互いに影響しあいます。自尊感情が低い場合には、自己知識も乏しくなることがよくあります。というのは、そのような場合には、新しいことをしてみる勇気がなくなるからです。

　自尊感情と自己知識は、あわせて**自己理解**と呼ばれています。

他の人と違う扱いを受けるということ

　知的障害をもつと、他の人と違う扱いを受けることになります。そして、そういう扱いを受けているという意識が、自己像に影響を与えます。知的障害をもつ人は、特殊な学校へ通い、他の人と違う場所で生活し、特殊な職場

で働いています。その上、援護関係者、職員、教師などに囲まれ、しかも、これら行政側の人たちは、一般的な場合とは比べものにならないほど、知的障害をもつ人の生活に入り込み、大きな影響を及ぼしているのです。

　従って、自分はなぜ他の人とは違うのか、また、どのように違うのかが全くわからないならば、知的障害をもつ人は、自分自身が価値のない人間だとすぐ思いこむようになります。これは、自己信頼が弱くなるということです。

　　　ペーテルとおかあさんは、ペーテルがもっている知的障害について話し合ったことが一度もありません。つまり、障害をもっていないようなふりをしているのです。しかし、彼自身もおかあさんも、本当は知的障害をもっていることを知っています。おかあさんは、知的障害については話してきませんでしたが、彼の耳が遠くなったのは、何度も起きた耳の炎症のせいであることは説明してきました。そして、補聴器を使わなくてはならないことも彼に話してきました。ところが、難聴のせいではなく、彼が本当に理解できない場合でも、それを難聴のせいにしてしまうことがあるのです。
　　　その結果、ペーテルには、自分がもつ知的障害がどのようなものなのかがはっきりとしません。また、この障害についての話も全くしないので、自分がもっている障害は何か悪いものらしいとも思っています。しかも、彼にそう思わせるような扱いを他の人たちが実際にするのです。それで、ペーテルは自分の障害を隠して、できるだけ他の人たちと同じようにふるまおうとします。そして、このようなさまざまな要因が重なりあい、彼の自己理解は漠然とした不十分なものになっています。

失敗をおそれるということ

　自己信頼が弱いと、生き方にもいろいろな影響が現われます。例えば、何でもうまくできることを示して、自分自身や他の人に自分のことをよく見せようとします。そのため、あえて新しいことをしてみようとはしません。もし失敗したら、自分自身にも他の人にも、自分の弱点がはっきりとわかって

しまうおそれがあるからです。

　また、自分にはあまり価値がないと思うと（つまり自己信頼が弱いと）、他の人によく思われることによって、自分自身でも自分のことをよく思おうとするようになります。そのため、他の人に合わせて行動し、あえて自分の意見を言おうとはしません。他の人にどう思われるかが気になるので、自分から進んで行動しようとすることもあまりありません。

　さらに、自分をほめる、自慢する、「でしゃばる」といったことをする場合もあります。このような行動を通して他の人によく思われ、その結果、自分自身も自分のことをよく思おうとするのです。例えば、社会的に高い地位にいる人や有名な人と知り合いだなどという自慢をよくします。これによって、自分までもその人たちと同じであるかのように他の人に思われたいのです。

　障害自体がもつ特徴のせいで、知的障害をもつ人は、自己信頼を弱めてしまうような扱いをよく受けます。ペーテルのように、障害とはどんなことなのかを自分自身で実際に知らない人は、否定的な扱いを受けると、それはみな障害のせいだとすぐ思ってしまうでしょう。例えば、他の人からじろじろ見られたのも、本当は障害とは関係なく、風変りな服装をしていたとか、大きな声で話をしていたからかもしれないのに。

　知的障害をもつ人にとって大切なことは、自分がもつ障害の上に、変わった服装や動作などといった余計なハンディキャップが加わらないようにすることです。

　　　アンとバーブロはふたりとも17歳です。ある日、ふたりはショックを受け、悲しそうな顔をして、青少年ホームに帰ってきました。というのは、帰りのバスの中で、乗客が自分たちをじろじろ見て、お互いに小声で話しているように感じたからです。ふたりは、どんなにいやな思いをしたかを職員のイレーネに話しました。その話を聞いて、イレーネは、バスの中で何をしていたかたずねました。すると、ふたりは、特別なことは何もしていないと答えました。ふたりが好きなシェルという男の子の話をしていただけだそうです。これを聞いて、イレーネはだんだんわかってきました。ふたりはお互いにやきもちを焼いていたのです。自分

たちのホームでよくするような喧嘩を、例えば、「押し」あったり、大声を出したりといったことをバスの中でしたのではないかと思いました。そして、やっぱりそうだったことがわかりました。そこで、イレーネはふたりに話しました。「バスの中で、乗客がふたりをじろじろ見て、お互いに小声で話していたとしても、けっして不思議なことではない。なにしろ、ふたりは、他の人たちの見ている前で、17歳の女の子だったら考えられないようなことをしていたのだから」と。

自分の価値

　自分が他の人と違う扱いを受けているということがわかっていても、これによって、すべてに対して自己信頼が弱くなるとは限りません。

　例えばペーテルは、いつも自己信頼が弱いというわけではなく、**自分から進んで行動する**こともあります。商店街へ出かけて、他の人にじろじろ見られ、悲しくなって帰ってくることもあるのに、それでも、自転車に乗ってまたそこへ出かけていきます。買い物の時に硬貨で支払うと、たいていは間違えてしまうのに、お札を出さないでそれで支払おうとします。つまり、彼は、場合によっては、**失敗を恐れずに行動している**ということです。

　私たちは、強い自己信頼をもっている時には、他の人からどう思われようとあまり気にしません。たとえ反対されようとも、自分の意見を述べます。気まずい思いをするかもしれなくても、相手の考えが間違っていると思ったら、勇気を出してそう言いますし、怒りや失望、喜びなどの感情を、その原因となった物や人に直接向けます。何でもうまくできるというところを見せる必要もありませんし、他の人によく思ってもらって自己信頼を支えるということも必要ありません。自分は自分、人は人という気持ちでいます。

　ペーテルがアーネと親しくしているのは、アーネが自分をほめてくれて、それによって自己信頼が強まるからだけではありません。アーネに対して本当に気遣いをしていますし、アーネが気持ちよく過ごせるようにしたいとも思っています。さらに、アーネを尊重しています。

　強い自己信頼をもつための必要条件は、あるがままの自分でも価値ある人

間として認められるということがわかり、安心感をもっていることです。従って、他の人とのやりとりを通して、自分には何ができて何ができないかをはっきり知らなければなりません。また、自分のどんな面でも安心して見せられるという経験も必要です。

知的障害をもつ人を他の人はどう見ているのでしょうか

　知的障害をもつ人の自己像には、自分の障害に対する他の人の態度が影響を与えます。

　ペーテルのおかあさんがしているように、他の人が知的障害に**気づかないふりをすると**、障害をもつ人自身は、自分がどのような人なのかよくわからなくなってしまいます。

　また、他の人が、「自分と知的障害をもつ人には**何の違いもない**」と考えている場合には、障害をもつ人は無理な要求や期待をされることになるでしょう。そして、その結果、自分には何ができて何ができないかがわかりにくくなります。

　これとは逆に、**知的障害**がもたらす結果を**必要以上に強調する**場合には、障害をもつ人に対して何も要求しないか、するとしても、低すぎる要求をします。また、このような人は、障害を強調するあまり、障害をもつ人にすぐ同情してしまいます。そのため、例えば、障害をもつ人からの要求を拒否しにくいといったことにもなるでしょう。障害を強調しすぎる態度は、障害をもつ人に、「自分は何もできない人だ」と思わせてしまいます。というのは、そのような態度のせいで、「自分が、本当は、何がどの程度できるのか」を試す機会も与えられないので、自己信頼が弱くなり、自己知識も乏しくなっていくからです。

　私たちは、たいてい、自分自身が属していないさまざまな集団に対してそれぞれ特徴づけをしています。そのため、ある集団に属している人に会うと、特定の態度を示します。また、この特徴がその人に現れるはずだと思い、そういう様子がちょっとでも見えると、それをすぐ拡大解釈してしまいます。一方、このように、何か決まったことを他の人から期待された

「あと、1クローネですか？」

り予測されたりした方の人も、その通りの役割を演じようとしがちです。特に、自己信頼が弱い人の場合はなおさらです。そうすれば、他の人の期待にこたえることにもなるわけですから。

　知的障害をもつ人には、自分が接するさまざまな人の役割が、ほとんどの場合、はっきりとわかりません。例えば、余暇活動の指導員レーナは次のように言っています。

　　知的障害をもつ人には、自分が接する人たちがどういう人なのかを理解するのはとても難しいことに違いありません。というのは、その人たちは、ただの友だちとして対等な関係になることもあれば、指導員としてすべてのことを決め、友だちではなくなってしまうこともあるからです。この仕事を始めた時、私は、友だちという立場をとろうと思いました。しかし、やがて、自分が実際には友だちになっていないことに気がつきました。もっと正確に言えば、自分に都合のよい時だけ、また、ある決まった時に限って「友だち」だったのです。私たちの関係をお互いにはっきりさせておくことは、自分自身にとっても、知的障害をもつ人にとっても大切なことだと思います。

まとめ

　自分自身に対してどのような自尊感情をもつかは、他の人が自分にどのような態度を取るかによって決まります。

　私たちは、大勢の人たちとの出会いやさまざまな活動を通して自己知識を得ます。

　自尊感情と自己知識はあわせて自己理解と呼ばれています。

　自分は他の人とは違う扱いを受けているという意識が、知的障害をもつ人の自己理解に影響を与えます。

　自分はなぜ他の人とは違うのか、また、どのように違うのかが全くわからないと、知的障害をもつ人の自己信頼は弱くなるでしょう。

　自己信頼が弱いと、自分自身にも他の人にも自分をいつもよく見せようと

しなくてはいられなくなります。

　強い自己信頼をもつための必要条件は、あるがままの自分でも価値ある人間として認められるということがわかり、安心感をもっていることです。お互いの関係をはっきりと認識することは、知的障害をもつ人にとっても、その人に接する人にとっても大切なことです。

考えてみること・話し合ってみること

★　この章では、強い自己信頼、弱い自己信頼が、それぞれ、私たちの行動にどのような影響を与えるかについて述べてみました。たいていの人がそうですが、私たちは、とても強い自己信頼をもっている様子を見せることもあれば、その逆のこともあります。

　自分は、何に対して強い自己信頼をもち、何に対して弱い自己信頼をもっているか考えてみましょう。

　これと同じことを、あなたが知っている（知的障害をもつ）人について考えてみましょう。

★　ペーテルは、自分の障害を隠し、できるだけ他の人たちと同じように行動しようとします。そのせいで、彼の自己理解は漠然とした不十分なものになっています。

　あなたが知っている（知的障害をもつ）人は、自分に何ができて何ができないかがわかっているように見えますか。

　もしわかっていないとしたら、その原因はどこにあると思いますか。

　あなたは、知的障害がどのような結果をもたらしているのかをその人と話し合ったことがありますか。もしあれば、どのようにして話のきっかけをつくり、話を進めていったかを述べてください。

★　アンとバーブロの例では、知的障害をもつ人が、他の人のどのような否定的な態度を経験するのかということや、その原因の多くが障害自体とは関係がないということが述べてあります。

第5部 感情・意思・表現

あなた自身は似たような経験がありますか。
あなたは、知的障害をもつ人に、「服装が変ですよ」といったような助言をしたほうがよいと思いますか。

★　他の人が示す態度は、私たちの自己理解に影響を与えます。知的障害をもつ人の中には、ペーテルと全く同じように、自分の障害を隠そうとしたり、できるだけ普通の人と同じようにしようと躍起になっている人たちが大勢います。
私たちは、知的障害をもつ人に、「普通の人の生活」としてどのようなイメージを与えているのか考えてみてください。

★　『知的障害をもつ人を他の人たちはどう見ているのでしょうか』(173頁) では、知的障害やこれがもたらす結果に対する見方がいくつかあげてあります。そして、それぞれの見方が、結局、知的障害をもつ人に対する態度にどのような影響を与えることになるのかが述べてあります。
これらの中に、自分の見方と全く同じだと思うものがありますか。もしあれば、どれですか。
それが、知的障害をもつ人に、どのような結果になって現われるのか話し合ってみましょう。

★　余暇活動の指導員レーナは、彼女のような立場にある人と、知的障害をもつ人との関係をお互いにはっきりさせておくことがなぜ大切なのか述べています。
あなたは、知的障害をもつ人の生活の中でどんな役割を果たしているのか、また逆に、知的障害をもつ人は、あなたの生活の中でどんな役割を果たしているのか考えてみてください。

第3章
興　味

興味とは何でしょうか

　私たちが感情を経験したり表現したりするのは、他の人とのやりとりの中だけではありません。例えば、自分で何かをして楽しむということもあります。つまり、私たちのいろいろな行動には感情がともなっているということです。そして、これが、興味をもつということにつながっていくのです。
　興味とは、しなくてはならないことが何もない時に、自分自身で何か選んでしようとする心の働きです。例えば、座って自分の体をゆり動かすといったこともあれば、ヨットのセイリングもあるといったように、どんなことでも興味の対象になり得ます。

興味はどのようにして生まれるのでしょうか

　それにしても、座って体をゆり動かすことと、ヨットのセイリングとでは随分違いがあるように思われます。前者に興味をもつ人もいれば、後者に興味をもつ人もいるといった違いはなぜ起こるのでしょうか。この点については、次のようなことが考えられます。
　体をゆり動かすことに興味がある人は、おそらく、ヨットのセイリングをした**経験**をもっていないのでしょう。そのため、セイリングにまで興味をもつようになれなかったと言えましょう。
　私たちが、何に興味をもつか、そして、それを実際に行なうことができるようになるかどうかは**環境**によって決まります。例えば、座りこんで体をゆ

り動かしている人が、ヨットのセイリングをしたいと思ったとしても、実際に出かけて行ってヨットに乗る機会が得られるでしょうか。

このように、興味は、その人を取り巻く物や人の条件に左右されます。従って、環境が非常に制限されていて、何かに興味をもったり、実際にやってみることができないという場合には、その人は、自分自身の体か、身近にあるものに興味をもつよりほかありません。例えば次のように……。

　マリエは重度の知的障害をもっていて、施設に住んでいます。彼女は、午前中日常活動に参加しています。この活動の中で彼女が興味をもっているのは、ピアノ、鈴、タンバリンなど音が出るものを使うことです。午後は、自分の部屋がある生活棟でじっと座っているか、あるいは、手をかみながら体をゆり動かすかして大部分の時間を過ごしています。マリエがいる生活棟は家庭的なあたたかい雰囲気で、きれいな家具も置いてあります。けれども、彼女が興味をもっているものは何もありません。それで、彼女は、自分の体でできることだけに興味をもつのです。

興味の対象として何を選ぶかは、その人がもつ**知能**にもある程度関係があります。

知能の段階が異なると、現実のさまざまな物事のどのような面に興味を示すかも異なります。例えば、本には、どの段階の知能をもつ人でも興味を示すでしょう。しかし、本のどこに興味を示すかは違います。A段階の知能をもつ人は、おそらく、ページをぱらぱらとめくったり、色を見たり、なめたりして、「どんな感じがするか」に興味があるでしょう。B段階の知能をもつ人は、「さし絵」で、これをながめるでしょう。C段階の知能や普通の知能をもつ人は「読む」ということに興味を示します。このように、同じ環境にいても、その環境に対する興味のもち方は知能によってもかなり違ってくると考えられるのです。

知能がよく機能しないと、興味によっては、それを実際に行なう時、他の人の助けが必要になります。ところが、人にはなかなか頼みにくいものですから、結局、実際に行なうのをあきらめることになってしまうでしょう。例

えば、プールに泳ぎに行くにしても、まず、プールに行き、そこで料金を支払い、ロッカーを見つけなくてはなりません。音楽に興味をもったとしても、レコードを買いにどこかの店に行き、レコードがどのような方式で分類されているかを理解し、レコードジャケットを読まなくてはならないのですから。

　知能がよく機能しないせいで、興味をもったこと自体が、例えば、泳いだり音楽を聞いたりすることが実際に行なえなくなるというわけではありません。そうではなく、知的障害のせいで、必要な準備がうまくできないということなのです。

　興味は、多かれ少なかれ発達を助けるでしょう。しかし、このことについては、その人の個性、経験、生活環境を考え合わせて判断しなければなりません。

ペーテルの興味

　ペーテルの興味は、絵葉書やマッチ箱の収集、サイクリング、ダンスです。
　ペーテルが絵葉書を集め始めたのは、彼が寄宿制特殊学校ファーゲルトルプにいる時のことでした。それらは、おかあさんや親類が休暇に出かけた所から送ってくれたものでした。
　同じころ、ペーテルはマッチ箱も集め始めました。最初は煙草を吸う職員からもらいました。その人からもらったいろいろなラベルのマッチ箱はだんだんとふえ、その数はかなり多くなりました。彼は、おかあさんの家で週末を過ごす時に、これらのマッチ箱のいくつかをよくもっていきました。そうしているうちに、おかあさんの所に訪ねてくる親類や知り合いが彼の興味に気づき、マッチ箱をもってきてくれるようになりました。
　おかあさんが、ペーテルに補助輪付き自転車を買ってくれたのもこのころでした。彼は、寄宿制特殊学校の構内でその自転車をよく乗り回していました。彼が自転車に乗ってもよい場所はそこだけでした。というのは、彼のそばに付いていられる人が誰もいなかったので、構外に出ると、交通事故にあったり道に迷ったりするのではないかとみんなが心配したからです。
　これらの興味は、実際に行なうのも、また、対象として選ぶようになるの

第5部 感情・意思・表現

ペーテルの興味

もペーテルにとって簡単なことでした。特別な準備をしなくても、絵葉書やマッチ箱を集めたり、自転車に乗ったりすることができました。絵葉書やマッチ箱は簡単に手に入りましたし、もちろん、自転車は、お母さんが買ってくれてもっていました。つまり、彼は、自分が興味をもったことを実際に行なうのに他の人の助けを必要とせず、全く自分ひとりで始めることができたのです。

　17歳の時、ペーテルはおかあさんの家に移りました。そのころ、おかあさんは、知的障害協会（FUB）のソーデルスタード支部に入会していました。支部では、ダンスパーティなどいろいろな活動が行なわれていました。彼は、もちろん、男女別棟の寄宿舎でずっと生活してきましたので、女性と付き合うことにはほとんど慣れていませんでした。そうしたいという気持ちはあったのですが、簡単にできることではないと感じていました。それだけに、ダンスはすばらしいと思いました。女の人と会ったとしても、何を話せばよいのか、何をすればよいのかがよくわからないだろうとペーテルは今でも思っています。でも、ダンスに出かければ、女性とのそうした付き合いも楽にできるということが彼にはわかっているのです。

　ペーテルは、現在の生活環境の中で、本当は、もっといろいろな物事に興味をもつようになれるはずです。彼は町の中に住んでいますし、まわりには、頼めば快く助けてくれそうな人もいます。それなのに、彼は、人に頼んで助けてもらうということがなかなかできなくて、今でもまだ、全く自分ひとりでできることを続けています。

　どうしても障害のないふりをしようとして、援助を受けまいとするため、ペーテルは、結局、自分の障害がもたらす支障を余計に経験してしまいます。どのような経験をするかというと、例えば、ひとりで知らない場所に行くことが難しくなります。また、読むことができないので、多くの情報を手に入れそこないます。さらに、お金を使うことも難しいので、商店街で欲しい物を見つけても買えませんし、料金が必要な活動にも参加できません。

まとめ

　興味とは、しなくてはならないことが何もない時に、自分自身で何か選んでしようとする心の働きです。
　興味の対象として何を選ぶかは、その人の経験や生活環境よって異なります。また、ある程度は、知能の段階によっても異なります。
　興味は、多かれ少なかれ発達を助けるでしょう。しかし、このことについては、その人の個性、経験、生活環境を考え合わせて判断しなければなりません。

考えてみること・話し合ってみること

★　あなたがよく知っている（知的障害をもつ）人は何に興味をもっていますか。
　　あなたの興味と比較してください。違う点がありますか。あるとすれば、なぜその違いが生じたのだと思いますか。

★　この章では、ペーテルの興味は、彼の経験や生活環境によって、また、彼のもつ知的障害がもたらす限界によってどのような影響を受けているかが述べられています。
　　あなたが知っている（知的障害をもつ）人の興味について、ペーテルの場合と同じ視点から考えてみましょう。

第6部
ペーテルの育った時代と制度

1980年までの援護のあらまし

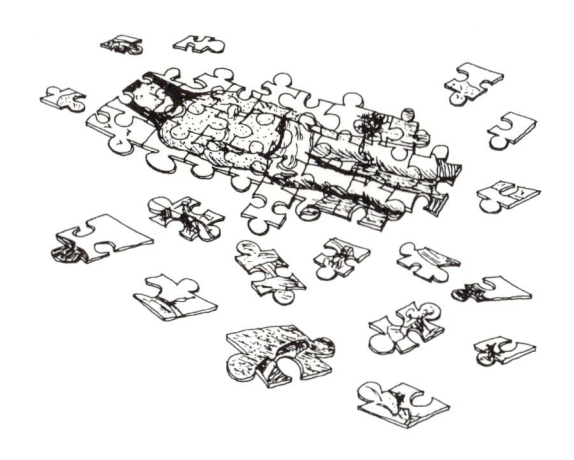

第1章
援護の過去と現在

援護とは

「援護」という用語は、だんだんと広い意味をもつようになり、現在では、68年援護法で定義された「知的障害者」に対する「教育とケア」の総称として用いられています。なお、「ケア」には、この人たちの住居や仕事に対する特別な配慮といったことも含まれています。

援護法とは

援護法には、知的障害をもつ人とその家族の権利が規定されています。また、援護に関する責任は県議会にあるということ、すなわち、これが実施できるよう配慮し、その費用を負担するのは県議会であるということも規定されています。このように、「援護」は各県議会の責任で行なわれていますので、その内容は県によって多少違いがあるかもしれません。

なお、現在、新しい援護法の原案が社会省で審議されています<訳注1>。

<訳注1>
この新援護法は1986年に施行され、その後、1994年1月からは、これに代わって、「特定の機能障害者に対する支援並びにサービスに関する法（LSS）」が施行され、現在に至る。

行政組織はどのようになっているのでしょうか

　県議会が責任を負う分野は、すべて、各分野を担当している委員会の最高決議機関によって管理されています。なお、この機関は県会議員で構成されています。
　どの県議会にも、保健・医療委員会、文化委員会、歯科医療委員会、社会委員会などが置かれており、知的障害をもつ人の援護を担当する委員会は、**援護委員会**と呼ばれています。
　県議会によっては、このような特別な委員会を置かないで、社会委員会が援護を担当しているところもあります。
　援護委員会には、県会議員の他に、職員代表や知的障害協会（FUB）代表が特別メンバーとして加わっていることもあります。特別メンバーという意味は、「それぞれの組織の意見を述べたり、討論に参加したりすることはできるが、議決権はもっていない」ということです。
　援護委員会は、その県の知的障害者全体に対する援護の内容を決め、計画を立てます。そして、県の全予算の中から、県議会の承認を経て割り当てられた予算をどのように利用するかを決めます。
　実際の援護活動は、いろいろな職務の人たちが数多く関わって行なわれます。まずあげられるのは、ケアや教育を行なう現場の職員です。そして、これらの職員を支えるさまざまな専門家として、福祉士、心理士、理学療法士などがいます。なお、これらの専門家集団は、知的障害をもつ人に現場で直接関わることもあります。
　この他に、行政官もいます。この人たちの職務は、県全体にわたって、あるいはかなり広い範囲にわたって担当分野の活動を管理することです。学校教育の分野には責任者として障害児学校部長が、ケアの分野にはケア部長が置かれています。そして、全体の責任者として行政部長が置かれています。

```
        社会庁              学校教育庁
                 援護委員会

  障害研究所            障害児学校用教具
                        ・教材全国センター

              ⑥FUB（知的障害協会）

生活と労働への適応研究所       Mental Retardation研究所
 （Stiftelsen ALA）           （MR-gruppen）
```

第6部 ペーテルの育った時代と制度

知的障害をもつ人に関わるその他の機関・団体

　国の行政機関である**社会庁**には障害者局があります。この局は、教育関係以外のすべての援護の管理を行ないます。ここには監査官が置かれていて、その人たちは各県議会をまわり、その県のケアを監査します。障害者局では、援護内容についての基本方針が検討・決定されます。これらの基本方針は、社会庁がシリーズで発行している小冊子『社会庁はこう考える』に発表されます。これは、定期購読できますし、必要な時に個別に買うこともできます。また、社会庁は講座や会議も計画・実施しています。

　学校教育庁も国の行政機関です。こちらは、障害児学校の監督官庁となっています。各県には、学校教育庁の管理下にある県学校教育委員会があり、その県の障害児学校を監督します。例えば、「教育課程が計画通りに進められるよう配慮する」、「特定の成人教育の実施計画を作成する」といったことを行ないます。学校教育庁では、「教育全般について各県議会が立てた計画を承認する」、「障害児学校の教育課程や教育方針について検討・決定する」などが行なわれています。なお、この教育課程は一般の書店でも買えます。また、ここでは、障害児学校に勤務するさまざまな職種の人たちに対する講座や会議も計画され、実施されています。

　障害研究所は、さまざまな障害者のために援助器具を考案し、製作するという仕事をしています。ここには、知的障害をもつ人のための援助器具——例えば、使いやすいテープレコーダーといったもの——を専門に研究する部門もあります。この研究所は研究情報紙を発行しており、それを読むと、いろいろな援助器具の情報が得られます。また、この他に、シリーズで発行されている小冊子もあります。これは、定期購読もできますし、研究所から直接買うこともできます。

　ウメオ＜訳注：地名＞には、**障害児学校用教具教材全国センター**があります。こちらは、教具教材の製作を専門としています。また、小冊子の発行・販売も行なっています。その多くは実用的な内容のもので、例えば、音楽療

法、織物手工芸のヒントといったテーマがよく取り上げられているようです。

　ＦＵＢ、すなわち、知的障害児童・青少年・成人協会＜訳注：本書では「知的障害協会」と簡訳＞は、知的障害をもつ人とその家族の（社会的）利益を目的として組織された団体です。全国に支部があり、知的障害をもつ人自身の余暇活動や親のためのグループ活動を組織したり、さまざまな問題について講座や会議を開いたりしています。

　ＦＵＢ本部はストックホルムにあります。ここでも、講座や会議が開かれています。また、さまざまな情報資料を出版・販売し、さらに、二種類の会報を発行しています。これは、本人用のわかりやすい会報『**ステーゲット**』と、一般会員のための会報『**ＦＵＢコンタクト**』です。

　知的障害について**研究しているグループ**は国内に二つあります。ひとつは、ストックホルムにある「**生活と労働への適応研究所**（Stiftelsen ＡＬＡ）」です＜訳注２＞。これは、ＦＵＢの付属研究所ですが、ストックホルム教育大学の教育学研究所にも所属しています。もうひとつは、ウプサラにある「Mental Retardation 研究所（ＭＲ－gruppen）」です。どちらの研究所も、その研究成果を小冊子にして公刊しており、各研究所から直接買うことができます。

　　＜訳注２＞
　本書は、この研究所による著作。なお、ＡＬＡについては、本書の『心理学者シーレーンとＦＵＢ付属研究所ＡＬＡ』参照。

第6部 ペーテルの育った時代と制度

第2章
これまでをふりかえって

　知的障害をもつ人に対する社会の責任を規定した最初の法律は、1944年に制定されました＜訳注：精神薄弱者に対する法＞。この法では、教育可能な「精神薄弱の」児童や青少年の就学義務が規定され、その学校教育を行なう責任は県議会にあるとされました。しかし、教育不能とみなされた人に対する特別な法律はありませんでした。

1954年法
　＜訳注：特定の精神発達遅滞者の教育とケアに関する法＞

　1950年代に生まれた知的障害者とその家族が社会から受けたケアや援護は、現在本人や家族に提供されているものとはかなり違っていたようです。その一因は、1954年から1968年の間には、現在と異なる法律が施行されていたことにあります。1954年法は次のような人に適用されていました。すなわち、「いわゆる精神発達遅滞のため、国民学校＜訳注：1962年以前の義務教育学校の名称＞の普通教育あるいは補助教育の内容を習得できない者、並びに、同じ理由で、身辺処理が自分自身でできない状態にある者（以上、54年法からの引用）」でした。そして、これらの人たちに対しては、県議会が教育とケアを行なうことになっており、県議会の中央委員会（現在の援護委員会にあたる機関）が、県内のケアと教育に対する責任を負っていました。

寄宿制特殊学校の共同食堂

１９５４年法時代の教育

　教育は特殊学校で行なわれ、教育対象は、教育可能であるとみなされた人、つまり、読み書きが習得できる人に限られていました。在学義務年齢は21歳までとされていました。監督庁は学校教育庁でした。教育内容は、国民学校の教育課程に準ずる領域とされ、これをできる限り広く学習することになっていました。ただし、この目的にかなう特別な教具教材はほとんどなく、あったとしても、片手で数えられるくらいだったと言えましょう。従って、教育の質も一様ではありませんでした。すべて、個々の教師の創意工夫に頼って行なわれていたのです。

　この時代の教育は、たいてい、いわゆる「寄宿制特殊学校」で行なわれていました。この種の学校は、大きな都市の郊外に建てられていることが多く、1校あたりの在学者数は平均して110人ほどでした。

　寄宿制の他に、通学制学校教育も行なわれていましたが、これは小規模なものでした。通学制とは、生徒が家庭で生活し、昼間、学校に通うということです。1950年代末には、おおよそ三分の一の生徒が通学制の学校教育を受けていました。

１９５４年法時代のケア

　教育可能とみなされなかった人にとって唯一のケアは施設に入ることでした。これには、児童施設、成人施設、授産施設、老人施設といったようなものがあり、この他に、個人経営の私立の施設もありました。施設の規模は、定員20人程度の小さなものから数百人にもおよぶ大きなものまでさまざまでした。これらは、都市の中心地から離れた所に建てられ、ひとつの小社会をつくっていました。この時代には、親が子どもを手元においておこうとすれば、社会から何の援助も得られませんでした。

　ケアに関する監督庁は医療庁（現在の社会庁にあたる機関）でした。

１９５４年法時代の思想

　54年法の時代でも、「ケアと教育」の「全体的目標」という点では、以下に引用した文に述べられている内容と同じでした——これは、ハンス・フォルスマン＆インゲマル・オーローヴ著『知的障害者、その教育とケア』(1964年／ボニエル出版社) からの引用です。

> 「……その目標は、他の市民とほとんど変わらない生活をする機会をできる限り多くつくり出すことである。そのために、現在、私たち関係者は次のような努力を重ねている。すなわち、それぞれの知的発達の程度が可能とする範囲で、この人たちが、できる限り社会に出て、自由な生活をすることができるよう、また、その労働能力を最大限活用できるよう努力しているということである。(前掲書 p 57 より)」

　しかし、以上のような目標を掲げたにも関わらず、結局、この時代には、一般社会から隔離された「大施設と寄宿制特殊学校」の必要性が叫ばれることとなりました。このような状況が生じたのは、「寄宿制特殊学校に大勢の生徒を集めて、障害の程度別に教育できるような大集団をつくる」ということが考えられていたからです。また、もうひとつの理由として、「保護」という考え方があったことがあげられます。このような考え方によって、生徒たちを寄宿制特殊学校に入れ、(前掲書によれば)「今日の人口密集地帯が、抵抗力の弱い青少年にもたらす『反社会的なさまざまな危険』から守った」のです。言いかえれば、「大都会の生活にはつきものとも言える『反社会的行動への誘惑』(前掲書より引用)」から知的障害をもつ人を守ったということです。(詳しくは、前掲書 p 67～68 参照)

１９６８年援護法

＜訳注：特定の知的発達障害者に対する援護に関する法。なお、この援護法には、ノーマリゼーションの原則が初めて取り入れられた＞

1968年援護法によって、「教育可能な精神発達遅滞者、教育不能な精神発達遅滞者」という考え方はなくなりました。そして、7歳から21歳までの**すべての知的障害者には就学義務**が課せられ、日中活動——特に**デイセンター**での活動——の権利が保障されるようになりました。また、在宅児の家族は、**家庭支援**——いわゆる家庭ケア——の権利を得ました。この援護法によって、**青少年グループホームや成人グループホーム**が生まれ、これらは、学校や職場から切り離された、普通の住宅地に設置されることになりました。また、ショートスティの制度も新たに導入されました。なお、中央委員会という呼称は改称され、**援護委員会**となりました。

１９６８年援護法時代の思想

「知的障害をもつ人は、社会悪から守ってやらなければならない病人である」という考え方は、1960年代の後半には次第に消えていきました。そして、「知的障害をもつ人には、他の人たちといっしょに社会で普通の生活をするための援助を得る権利があること」が強調されるようになりました。1968年援護法の中では、特に、「家族への援助」や「青少年ホーム・グループホームの設置」の規定によってこの考え方が強調されています。しかし、このような思想に基づいてケアの「目的」を述べた規定はありませんでした。

第3章
ペーテル

　ここでペーテルの話にもどり、彼が1954年法に基づいて、どのような援護を受けていたかを見てみましょう。

　ペーテルは1955年に生まれています。この年にこの法律が施行されました。彼は正常なお産で生まれました。しかし、生まれてから1年あまりたち、歩き始めるころになって、両親は、彼の体の動きにぎこちないところがあることに気付きました。それで、医師の診察を受けました。その結果、軽い脳性まひの障害をもっていることがわかりました。この時彼は2歳でした。
　1962年の秋に、ペーテルは基礎学校に入ることになりました。彼は、その年の春の就学時健康診断で、知的障害ももっていることがわかっていましたので、県議会中央委員会の管轄下にある特殊学校に入学させられました。この年に、ペーテルの父親が亡くなりました。このころ、彼の一家は、人口1万人ほどのサルシェーピンに住んでいました。
　寄宿制特殊学校ファーゲルトルプは、県の主要都市のひとつソーデルスタードの郊外に建てられた施設で、ペーテルが住んでいたサルシェーピンから50キロほど離れていました。ファーゲルトルプは、9歳まで子どもが入る**幼児・児童ホーム**、9歳から16歳までの児童・生徒が入る**寄宿制特殊学校**、16歳から21歳までの青少年が入る**寄宿制職業訓練学校**で構成されていました。この施設は、総定員110名で、共同中央調理室を備えていました。
　ペーテルが最初に入った**幼児・児童ホーム**は、共同食堂付きの2棟の建物で構成され、定員は22名でした。男子と女子が分れて住み、たいていは、1部屋に4人住んでいました。教育は、それぞれの棟の教室で行なわれていま

した。ペーテルは、9歳になった1964年の秋、**寄宿制特殊学校**に入りました。ここの寄宿舎では、1部屋に3人住んでいました。ペーテルは、ファーゲルトルプの寄宿制特殊学校で、7歳から16歳までの9年間を過ごしました。その間、ペーテルの母親は、月に1回、ペーテルをバスで家に連れて帰りました。当時は、ペーテルとたやすく会えるよう援助する交通サービスはありませんでした。

　ペーテルがファーゲルトルプの職業訓練学校に入ることになった時、母親はソーデルスタードに引っ越してきました。ペーテルといっしょに暮らし、彼が自分の家から学校に通えるようにするためです。

　それは、1968年援護法が施行されてから3年後の1971年のことでした。以後、ペーテルは母親といっしょに暮らし、毎日ファーゲルトルプに通うことができました。彼は、21歳になるまでの5年間職業訓練学校に通いました。21歳になった時、当時、ソーデルスタードに新設されたデイセンターで仕事を始めました。母親と生活するのをやめて、現在住んでいるグループホームに入ったのもこの時でした＜訳注：第1部『ペーテルってどんな人？』第1章はここから始まります＞。

グループホームでの生活（ペーテルの部屋）

訳者解説

　この学習書『ペーテルってどんな人？』シリーズは1982年に出版されました。出版の4年後の1986年には、1968年施行の援護法に代わって、新援護法が施行されました。さらに、1994年には、この86年新援護法に代わり、「特定の機能障害者に対する支援並びにサービスに関する法（略称ＬＳＳ）」が施行されました。この6部の文章も、第1部『ペーテルってどんな人？』の第1章——知的障害をもつペーテルの生活を描いた部分——も、1968年施行の援護法がまだ適用されていた時代に書かれたものです。従って、現在（2000年）のスウェーデンの援護や、本人たちの生活環境とは異なる点もあります。

　参考に、68年援護法、86年新援護法、94年ＬＳＳの違いを次頁の表で簡単に示してみました。

訳者解説

68年援護法・86年新援護法・94年LSS 比較対照表

	68年援護法	86年新援護法	94年LSS
正式名	特定の知的発達障害者に対する援護に関する法	知的発達障害者等に対する特別な援護に関する法	特定の機能障害者に対する支援並びにサービスに関する法
施行（制定）	68（67）年	86（85）年	94（93）年
法の性格	特別法	権利法・付加法	権利法・付加法
援護・支援・サービスの責任	県（援護委員会）	県（援護委員会）	県とコミューン（ひとつ、あるいは複数の委員会）
監督庁（国）	社会庁 学校教育庁	社会庁	社会庁
法文の構成	1．総則 2．行政組織等 3．知的発達障害者援護委員会等 4．知的発達障害者のための不服申し立て裁定委員会 5．特殊学校の入学・退学等 6．施設の入所・退所、並びに特殊病院の入院・退院等 7．上級機関への不服申し立て 8．その他 （全59条）	1．総則 2．目的 3．特別な援護の内容 4．特別な援護を受ける権利 5．県の責任 6．利用料 7．委員会 8．職員 9．民間援護事業 10．監督等 11．規定の補則 12．不服申し立て 13．その他 （全22条）	1．総則 2．目的と基本方針 3．特別な「支援・サービス」の内容 4．特別な「支援・サービス」を受ける権利 5．コミューン（日本の市町村にあたる自治体）の責任 6．県・コミューン共通の責任 7．利用料等 8．委員会 9．民間支援・サービス事業 10．不服申し立て 11．罰則 12．守秘義務 （全29条）
対象者	知的発達障害児、並びに、知的発達障害者（成人に達する前から知的障	①知的発達障害児・者 ②中途知的障害者（成人に達してから、身体疾	①知的発達障害児・者、並びに自閉症・自閉症的症状のある人（＝

199

	68年援護法	86年新援護法	94年LSS
	害をもっている人）	患あるいは外傷による脳損傷が原因で知的障害をもつようになった人） ③小児精神病児、並びに小児精神病者（小児精神病を発症し、成人となった人）	児・者） ②中途知的機能障害者（原因は左記に同じ） ③身体的・精神的機能障害者（高齢に起因するものは除く）
法の適用を受ける権利		上記（①②③）の人に、日常生活上、援助や支援、サービスを受ける必要が生じ、しかも、それを他の方法（例えば、社会サービス法等）で満たすことができない場合に生じる。 注）本法の性格は付加法	左記に同じ
援護・支援・サービスの内容	「援護」の内容 ①以下の機関における教育 ＊特殊学校（就学前学校、基礎学校、訓練学校、職業学校、特別特殊学校） ②以下におけるケア ＊入所施設、特別病院、一般の保育園・幼稚園、作業ホーム（後にデイセンターと改称）入所特別施設 ＊家庭（自宅） ＊他の家庭、成人グループホーム、青少年グループホーム（以上は、何らかの理由で、自宅で生活できない人のうち、施設や特別病院に	「特別な援護」の内容 ①「助言等の個人的支援」・個々人に対する「特定のコンタクトパーソンによる支援」 ②義務教育年齢を過ぎた人で、一般就労もせずまた教育も受けていない人のための「デイセンター、あるいは、その他の所における日中活動」 ③レスパイトサービスを目的とした「ショートスティ」、並びに、12歳以上の児童・生徒のための「短時間学童保育」 ④親元を離れて生活しなくてはならない子ども	特別な「支援・サービス」の内容 ①永続的で重い機能障害をもつ人の問題や生活に関して、専門的な「助言等の個人的支援」を行うこと ②LASS（個人援助者＝personlig assistantによる援助に対する手当に関する法律）で給付が行われない部分への給付 ③ガイドヘルパーによるサービス ④コンタクトパーソンによる支援 ⑤家庭におけるレスパイトサービス ⑥ショートスティ ⑦12歳以上の児童・生

訳者解説

	68年援護法	86年新援護法	94年LSS
	入所・入院する必要がない人の場合）	や青少年のための「養育家庭（里親）、あるいは、青少年グループホーム」における居住 ⑤自分の住居で独立して生活することが困難な成人のための「成人グループ住宅（ホーム）」における居住 ＊1985年の「学校法」改正によって、教育や学校については、「学校法」で規定されることになった。	徒に対する「放課後、並びに休暇中の短時間学童保育」 ⑧親元を離れて生活しなくてはならない子どもや青少年のための「養育家庭（里親）、あるいは、青少年用特別サービス付き住宅（青少年グループホームの改称）」における居住 ⑨「成人用特別サービス付き住宅（左記の成人グループ住宅等）」における居住、あるいは、「成人障害者用バリアフリー住宅」における居住 ⑩就労可能な年齢で、有償労働もせず、また教育も受けていない人のための日中活動
援護・支援・サービスの利用料	無料	無料	個人援助料等を徴収
援護・支援・サービスの目的	教育、社会適応への援助、その他必要とされる援助を公的に提供すること（法文上には、「目的」と明記された項目はない）	①他の人たちと「同じ」生活が、「共に」できるようにすること ②個々人が、その可能性を引き出せるようにすること	他の人たちと同じ生活（等しい生活環境と社会への完全参加）ができるようにすること
援護・支援・サービスの基本方針	法文上に明記なし	「自己決定権」と「人間としての尊厳」（第3条）	「自己決定権」と「人間としての尊厳」（第6条）
本人の意思の尊重	①特別病院、並びに施設でケアを受ける場合、 ・成人 ・15歳以上で意思表示	「特別な援護」は、 ①本人の意思で申請 ②15歳未満、あるいは、意思表示が困難な	特別な「支援・サービス」は、 ①本人の意思で申請 ②15歳未満、あるい

201

	68年援護法	86年新援護法	94年LSS
	が可能と認められる人に対しては、同意を求めること ②ただし、場合によっては、本人の同意なしに、以上の措置をすることができる 注）わずかではあるが、①以外にも本人の要求や意思表示が可能な場合がある。次の「不服申し立て」もその例	場合は、保護者、あるいは後見人、補佐人が申請	は、意思表示が困難な場合は、保護者、あるいは補佐人、後見人、管財後見人が申請 ③支援・サービス計画における「本人参加」と「本人との共同決定」を明記（第6条）
本人による不服申し立て	15歳以上で、意思表示が可能と認められる人は援護（教育・ケア）の措置に対して、県の「不服申し立て裁定委員会」に申し立てができる。 申し立て上級機関は、全国共通の「精神問題委員会」	「特別な援護」の決定に対して、県の行政裁判所に不服申し立てができる。 申し立て上級機関は上級行政裁判所	特別な「支援・サービス」の決定に対して、県の行政裁判所に不服申し立てができる。 申し立て上級機関は上級行政裁判所

心理学者シーレーンと
ＦＵＢ付属研究所ＡＬＡ
――ノーマリゼーション実現と心理学者集団の果たした役割――

尾添　和子

　スウェーデンのノーマリゼーションは、次の三人によって実現に導かれたと言えましょう。すなわち、ノーマリゼーションの原則を提唱したベンクト・ニィリエ、社会庁知的障害部部長を務めたカール・グルーネヴァルド、知的障害をもつ人を理解するための心理学を確立したグンナル・シーレーンです。ニィリエは理念の面で、あとの二人は実践面で中心的役割を果たしてきました。このうち、ニィリエとグルーネヴァルドについては日本でもよく知られています。グルーネヴァルドは、行政上の最高責任者として、また、「80年代半ばから『強制不妊』の問題を明らかにし、補償への道を開いた人」としても紹介されています。しかし、心理学者シーレーンについては、その功績にもかかわらず、日本では全く知られていません。

　シーレーン（1929～1994）は、知的障害とこの障害をもつ人を理解するための研究だけではなく、ＦＵＢ付属研究所ＡＬＡでの研究者の育成、教員養成大学での講義、親・職員への講演なども行ないました。また、国の「86年新援護法準備委員会」のメンバーも務め、その心理学理論をもとに「入所施設の解体」を主張するなど、親・職員・関係者の「障害者観」に大きな影響を与えました。

　ＡＬＡは、日本の育成会にあたるＦＵＢ（知的障害協会）付属研究所として1964年に設立されました。そして、68年から80年まで所長を務めたシーレーンの理論に基づいて、本人・親・職員のためのさまざまな研究や実践を行なってきました。本書の原書も、このような活動から生まれたもののひと

つです。

　「ALA」は、設立当初の名称「生活と労働への適応研究所」の略称ですが、現在でも、これがそのまま使用されています（ただし、現在はalaと表記）。しかし、この名称とは逆に、ALAの基本的姿勢は、「環境を、障害をもつ人に合わせる研究を行なう」ことです。そして、これは、60年代末から現在にいたるまで変わっていません。

　ALAの姿勢でもうひとつ注目される点は、「本人・親・職員に直接関わり、現場に役立つ研究を行なう」ことです。例えば、本書の原書が出版された二年後の1984年には、本人たちからの要望に応えて、本人が自分の障害を理解するための学習書『ふたりの人』・『知的障害とは』がALAから出版されています。これらも、本書と同じ原著者たちによって作成され、ベストセラーになりました。

　スウェーデンのノーマリゼーションは、ALAという心理学者集団、つまり、「現場と直接関わり、本人・親・職員に対する支援の研究・実践を行なってきた心理学者たち」の存在なくしては実現しなかったのではないでしょうか。

　以下の訳文によって、心理学者シーレーンとFUB付属研究所ALAの果たした役割を紹介したいと思います。

心理学者シーレーンについて

1　受賞・追悼記事

シーレーン氏受賞！／FUB－KONTAKT　1994年3号

　FUBの非常に貴重な協力者として、長年にわたってFUB付属研究所ALAの所長をつとめ、また、ストックホルム教員養成大学障害児教育教員養成課程講師であったグンナル・シーレーン氏が、その「教育者としての顕著な功績」に対し、教員養成大学賞を受賞しました。なお、この賞には、賞金

心理学者シーレーンと FUB 付属研究所 ALA

15,000クローネが添えられています。
　授賞理由として第一にあげられているのは、知的障害児学校の教員を目指す学生たちに対して、そのまれにみる教育的才能によって、彼の深い知識と研究成果を伝えたという点です。しかし、彼の話を聞いたのは学生たちだけではありませんでした。その多くは親でした。親たちは、何が知的障害で、何が知的障害ではないのかという話を彼から聞き、親としての役割がより理解しやすくなりました。
　FUBはここに彼の受賞を祝します。

シーレーン氏に称号授与／FUB－KONTAKT　1994年5号
　FUB付属研究所ALAは、所長であり研究者たちのリーダーであったシーレーン氏の理論に基づいて長年研究活動を続けてきました。彼の研究と、彼が他の研究員たちに与えたインスピレーションによって、援護に対する新しい考え方への道が切り開かれ、そして、この新思想が、施設収容の時代に代わる近代的な援護政策の時代をもたらす基盤となりました。
　最近、彼は、その教育者としての功績と研究に対して、ストックホルム教員養成大学賞を受賞しました。加えて、この度、教員養成大学から彼に名誉助教授の称号が授与されました。
　FUBは、氏が、その功績に値する称号を与えられたことを心から祝します。

追悼記事　シーレーン・その人と業績　FUB－KONTAKT　1995年1号
　教員養成大学名誉助教授で、心理学者のシーレーン氏（65才）が1994年11月22日に逝去されました。
　グンナル・シーレーン氏は、1974年に、博士論文『知的障害をもつ人の認識について（Psykiskt utvecklingsstördas förstånd）』を発表し、その中で

知能理論を展開しました。そして、この理論は、後に、人間とその発達に対する全体的視点の研究へと発展していきました。80・90年代は、知的障害をもつ人の援護に対して、ラディカルな改革が行なわれた時代でした。そして、この改革の基盤となったのが、彼の研究から得られた結果だったのです。

シーレーン氏は、重度の知的障害をもつ人には、良好な住環境というものの影響が、軽度中度の人よりずっと大きいであろうと早くから考えていた人のひとりでした＜訳注＞。そのため、大施設を解体すべきだと早くから主張してきました。彼は、国の「86年新援護法準備委員会」にも属しており、この意見は取り入れられました。

シーレーン氏の長年の研究活動の拠点は、FUB付属研究所ALAでした。彼は、そこで、自分自身の研究を行ない、また、数年間にわたって後輩の指導も行ないました。彼の研究と若い研究員に対する支援によって、ALAは重要な研究センターとなっていきました。そして、そこで行なわれた研究は、知的障害児学校教育や援護の内容に影響を与え、また、現在も、影響を与え続けています。

シーレーン氏は、実に人間的な人生観をもった人でした。彼の研究活動の特徴は、人とその生活環境との相互作用によってつくられる「それぞれの人の全体像」を理解しようと謙虚に取り組む姿勢でした。彼は、美術、音楽、文学に大変興味をもっていました。そして、このことが、彼の研究内容を豊かにし、また、それに奥行きを与えることとなりました。

シーレーン氏の逝去によって、知的障害をもつ人やその家族は最良の友を失い、また、研究所ALAは、その研究員たちにインスピレーションを与えてくれる偉大な存在を失いました。

　　FUB代表　　エライン・ヨーハンソ（FUB会長）
　　ALA理事会・研究員代表イングリード・ダーレーン（ALA理事長）

　＜訳注＞
　施設生活に関するシーレーンの研究として、次の二点があげられます。
　・『重度の知的障害者ベンクトにとって施設とは何か』（共著）1977年
　・『知的障害をもつ人に与える施設生活の心理的影響』1978年

2 シーレーン略歴
（アン・シーレーン氏提供資料/1998年より）

1929年　ハッパランダ（スウェーデン北部の町）に生まれ、生後すぐストックホルムに転居＜訳注：ニィリエは、1924年生まれ＞
1994年　ブロンマ（ストックホルム郊外）にて死去、65歳

＜学位＞
ストックホルム大学にて取得
1957年　学士号―哲学士（心理学、教育学、社会学）
1962年　修士号―哲学修士
1974年　博士号（心理学―論文名『知的障害をもつ人の認識』）

＜職歴＞
1958年〜1964年　社会庁所属の心理士
1964年〜1965年　ストックホルム県援護委員会所属の心理士
1965年〜1967年　応用心理学研究所適性検査部部長
1967年〜1968年　ストックホルム大学応用心理学研究所所長
1968年〜1980年　ＦＵＢ付属研究所ＡＬＡで、所長を務めると共に、心理士、研究者としても活躍。
1980年〜1994年　同研究所の研究顧問および理事
1979年〜1994年　ストックホルム教員養成大学講師
1994年　　　　　同大学　教育学名誉助教授＜訳注：同年没＞

3 シーレーン代表的著作一覧
（1997年版ＡＬＡ出版目録より）

◇ **1974年**　『知的障害をもつ人の認識』（博士論文）
◇ **1977年**　『重度の知的障害者 ベンクトにとって施設とは何か』（共著）
◇ **1978年**　『人格構造と人格ダイナミックス』

　　　　　『知的障害をもつ人に与える施設生活の心理的影響』
◇1979年　『人間に対する全体的視点』＜訳注：ベストセラー＞
　　　　　『自己・他者・物』
◇1980年　『A段階の知能をもつ（＝重度の知的障害をもつ）大人について』
◇1981年　『知能とその障害』＜訳注：ベストセラー＞
　　　　　『知的障害をもつ人の知能』
◇1982年　『重度の知的障害をもつ大人について』（共著）
◇1983年　『相互作用・障害・援助手段』
◇1985年　『知能理論』
◇1986年　『全体的構造・全体的ダイナミックス・全体的発達』

ＡＬＡの過去と現在

4　ＡＬＡ紹介

ＡＬＡとは／ヨーランソン／ＡＬＡ研究報告叢書前書き／1986年
　研究所ＡＬＡを1964年に設立したのはＦＵＢ（知的障害協会）でした。「ＡＬＡ」は、「生活と労働への適応＝ Anpassning（適応） till Liv（生活） och Arbete（労働）」の略称です。「ＡＬＡ」という研究所名は、その最初の活動からきています。すなわち、設立当初、研究所は、「グループホームと作業所の運営、そして、これらへの適応に関する研究」を行なっていたのです。しかし、1968年から、その活動はひとつにしぼられ、「研究」のみになりました。また、その所在地も、設立されたウプサラから、ストックホルムの現在の場所に変わりました。
　ＡＬＡは、ストックホルムの教員養成大学教育学研究所に1982年から所属し、その研究グループのひとつとなっています。また、知的障害協会（ＦＵＢ）の付属研究所でもあります。

ALAでは、知的障害に関する領域の研究が行なわれています。知的障害についての知識を深めることによって、この障害とこの障害をもつ人たちがもっとよく理解されるようにしたいと私たちは思っています。

設立されて間もない時期から1986年に至るまで、ALAは、シーレーン氏（現在、ストックホルム教員養成大学講師）のもとで、知的障害に関する心理学的・教育学的研究を主に行なってきました。そして、知的障害の特徴、障害が人格形成に与える心理的影響、個人と環境とはどのような相互作用をし、知的障害をもつ人に適した環境をつくるにはどうすべきかなどの問題を明らかにし、報告することに取り組んできました。

5　ALA25周年記念記事

知識は武器なり／FUBコンタクト／1989年5号

　FUB付属研究所ALAは、今年（1989年）創立25周年を迎えました。ALAの研究員の仕事は心理学的研究を行なうことです。その体系的研究は、「FUBの要求にはどのような根拠があるのか」ということを社会に示す役割を果たしてきました。現在、私たちが、「そうあって当然」と思っていることは、明らかに、そのほとんどがALAの研究のおかげで得られたものなのです。25周年を記念して、ここで、ALAについて少しページを取りたいと思います。前半では、その創設者の一人であるシーレーン氏へのインタビューを通して、ALAの揺籠期を手短かに振り返り、そして後半では、一足飛びに、ALAの現在を取り上げ、今進められている研究計画について紹介してみましょう。

　シーレーン氏は、知能を、A・B・Cの三段階に分けてとらえた人として、言いかえれば、知的障害に関するこれまでのほとんどの研究の基礎となった理論を確立した人として、FUB運動の中でおそらく最もよく知られている人でしょう。

　しかし、ALAの研究計画、BUSプロジェクト（知的障害をもつ人のため

の住居に関する計画）がもとになって、今日のグループ住宅が生まれたことはほとんど知られていません。また、ＳＩＶＵＳ（シーヴス）プロジェクトが実際にはどのようにして始まったのかもあまり知られていません。

　1964年に、ＡＬＡがウプサラに創設された時、シーレーン氏はまだ社会庁で仕事をしていました＜訳注２＞。

　＜訳注２＞1961年～1971年のＦＵＢ事務局長はベンクト・ニィリエ。ＡＬＡは、彼の任期中に設立された。なお、1969年には、ノーマリゼーションの原則が提唱され、前年の68年には、この思想に基づく旧援護法が施行されている。

　シーレーン氏談：
　「ＡＬＡの最初の研究計画は、Ｂ段階の知能（中度の知的障害）をもつ人のための住居と作業所に関するものでした（ＢＵＳプロジェクト）。この計画の中では、居住形態という点が特に画期的でした。というのは、中度の知的障害をもつ人が、アパートに自分の部屋をもち、そこで生活するということが実現可能だとはそのころ誰も信じていなかったからです。私は、住居と作業所について研究するために人材を集めるという考えにはあまり賛成できませんでした。研究は、『人間』を対象とすべきだと思っていました。ところが、この研究計画は大成功し、その『奇跡』を見に、世界中から見学者がやってきました」

＊研究活動の協力者が現われる＊

　しかし、実践（住居や作業所の運営）と研究とを同時に行なうことには、いろいろと難しい問題が生じてきました。そこで、「研究」グループを新たにつくることが考えられました。そして、シーレーン氏がその中に加わることとなったのです。

　シーレーン氏談：
　「あるディナーパーティーで、私は、ベンクト・ユンケル氏に声をかけられ、二人きりで話をしました。彼は、研究をしないかと私に尋ねました。

『ええ、できるのなら喜んでそうしますよ。でも、研究費を手に入れることができません。使うのはいつも上手なんですけどね』と私は答えました。すると彼はこう言いました。『お金は私が何とかします。ふたりで協力しましょう。私が研究費を手に入れて、あなたが使うのです』と」

そして、この話はその通りになりました。シーレーン氏は、新しい研究グループをストックホルムに移しました。まず、精神工学研究所の一部を借り、そこに新しい研究グループを連れてきたのです。一方、ＡＬＡが運営していたウプサラの作業所は閉じられました。また、知的障害をもつ人たちが住んでいるアパートは、県が家賃を引き続き支払ってくれることになりました。こうして、ウプサラの研究グループは次第に解散していきました。

シーレーン氏談：
「私たちは研究報告叢書（シリーズ）をつくり始めました。自分たちの研究活動を全部記録し、それをまとめて『最新研究報告』といったものをつくったのです。そして、この作業をずっと続けていきました。ＡＬＡ創立２０周年記念にあたる1985年には、その数は全部で500冊にもなっていました。その第１号は、『研究報告叢書目録』、第２号は、研究方針に関するものです。ＡＬＡの使命は、最も研究されていない領域について知識を深めていくことでした。そしてそのためには三つのことが必要でした。すなわち、このような研究に適した人材、研究費、鋭い問題意識です」

＊知能の段階＊

シーレーン氏は、長い間考えてきた問題──「知的障害とは、実際にはどのような構造になっているのか、また、この障害をもつ人は自分の周囲の環境をどう理解するのか」を研究し始めました。そして、「知能の三段階」理論、すなわち、Ａ段階の知能（＝重度の知的障害）、Ｂ段階の知能（＝中度の知的障害）、Ｃ段階の知能（＝軽度の知的障害）という知能理論を形成し、この理論は、やがて、その後に続く研究の基礎となっていきました。彼の目

的は、親にも職員にも理解できて、その役に立つような方法で、研究結果や情報を発表・出版することでした。この目的は、現在のＡＬＡにおいても変わっていません。

シーレーン氏談：
「ＡＬＡには、『目的を変え、私たちの研究報告を全部英訳して、国際的専門誌に発表すべきだ』と考える人もいれば、『そのようにして多くの人に伝えようとすると、私たちの研究の専門性が保てなくなる』と考える人もいます。『広く伝えること』と『専門性』は両立しないものだと一概には言えません。でも、私たちの研究報告をそのような専門誌に掲載してもらうのはそう簡単なことではありません。というのは、例えば、北欧の英語心理学専門誌は、『実験心理学ジャーナル』という名前です。ところが、私たちは、援護の場に実験をもち込むことはしていません。心理学的実験というのは、人間に何か課題を与え、その反応を研究しようとすることにほかならないからです」

＊グループ住宅＊

研究報告叢書（シリーズ）づくりの次にＡＬＡが取り組んだのは、BUS（知的障害をもつ人のための住居）プロジェクトでした。研究員たちは、この計画をもう一度最初から立て直すことができないだろうかと考えました。そして、すでに実践に移されていたウプサラの住居（アパート）をどのように変えていけばよいかを考え、それをもとに新案づくりを始めました。その結果、「アパートに二つ付いている玄関を、知的障害をもつ人たちが二つとも使うといったようなウプサラでの住み方（つまり、一つの棟に集中して住むこと）をやめて、一棟のアパートとそのまわりの住居に住む」ということが考え出されました。

シーレーン氏談：
「また、『アパート、一軒家、テラスハウスといったように、住居はいろい

ろな形態にしなくてはならない』ということや、『職員による援助が一週間に一度だけですむだろうと思われる人もいれば、一日に数回必要という人もいるので、その援助には特に柔軟性をもたせなくてはならない』ということも研究員たちは考え出しました。

そして、これらの研究結果が……そうです。みなさんもうおわかりになっているでしょうが……現在のグループ住宅となったのです」

＊いろいろな国に行った人―SIVUS（シーヴス）の研究者＊

ある日、シーレーン氏に男の人から電話がかかってきました。その内容は、「インドネシアから亡命してきた心理学者の伯父にＡＬＡで仕事をさせてもらえないだろうか。伯父は、無給でもよいと言っている。仕事が何もみつからないので」というものでした。

シーレーン氏談：
「私はその人に会うことにしました。やって来たのは、ソフィアン・ヴァルヨーという人でした。彼は、インドネシアで、成人教育や識字教育に携わり、その後、心理学の博士号を取得しました。ところが、北ベトナムでの専門家意見交換会議──これは彼が主催したものでしたが──に出かけている間に、インドネシアではクーデターが起こってしまい、母国に帰れなくなってしまいました＜訳注3＞。それで、彼は中国に行き、ハンガリー語を習得し、これを教える仕事をしました。その後、中国からハンガリーに行き、今度はそこで中国語を教えました。そして、最後にスウェーデンに来たときには、11か国語が流暢に話せるようになっていました」

＜訳注3＞
インドネシアクーデター。1965年9月30日に起こり、共産党への弾圧が始まる。殺された人は15万とも50万とも言われる。これをきっかけにスカルノ政権からスハルト政権に。

シーレーン氏は、ソフィアン・ヴァルヨー氏がIVUSプロジェクトにうってつけではないかと考えました。IVUSとは、知的障害をもつ人の学習とい

う意味です。こうして、ヴァルヨー氏はこのプロジェクトに取り組み始めました。

シーレーン氏談：
「ところが、少したつと、彼は、私のところにやって来てこう言いました。『プロジェクトに取り組んでみたら、彼らに本当に必要なのは読み書きを覚えることではなく、社会的能力であるということがわかった』と。知的障害をもつ人たちには自己信頼がいかに乏しいか、また、自分で決めることがいかに難しいかに彼は気付いたのです。こうして、彼は、このプロジェクトの内容を変え、それを、SIVUSと名付けたのです＜訳注4＞」

＜訳注4＞
SIVUS ＝ social inlärning för vuxna utvecklingsstörda の略で、知的障害をもつ人の社会的学習という意味。SIVUSは、後に、Social Individ Via Utveckling i Samverkan の略称に変わる。後者の意味は、共同行動を通して成長し、個人的社会的自立を達成すること。なお、SIVUSについては『『シーヴス法の理論と実際』ヴァルヨー著／山下勝弘訳／瑞穂社／1991年」によって日本に紹介されている。

＊知　識＊

70年代の半ばになって、ＡＬＡは、重度の知的障害をもつ人に対する最初のプロジェクトに着手しました。そのころ、ＡＢＣプロジェクト（知能の段階に関する研究）はすでに終わっていました。しかし、Ａ段階の知能についての知識が十分得られたわけではありませんでした＜訳注5＞。

シーレーン氏談：
「私は、60年代から、Ａ段階の知能をもつ人について研究したいと思っていたのですが、そんなことはお金の無駄遣いだとみんなに言われました。また、重度の知的障害をもつ人にはテストは不可能だとも言われていました。
しかし、1975年、私たちＡＬＡは、この研究にもう一度取り組んでみることにしました。それで、私は、マッツ・グランルンド氏を研究員に迎えました。そして、彼と私は、エステルイェトランド県で、重度の知的障害をも

ていると言われている人たちを調べ、その中から98人の対象者、すなわち、私たちが考えていたような人たちを見つけました。しかし、この作業はそれほど簡単なことではありませんでした。というのは、A段階の知能をもっていると思われていた人たちの多くは、実際に調べてみると、中度の知的障害をもっているとしか考えられなかったからです。その人たちは、社会適応が非常に困難なせいで、重度の知的障害をもつ人のような行動をしていたのです」

　こうして、ALAは、A段階の知能についても、その理論や研究方法論を次第に確立していきました。そして、80年代には、重度の知的障害をもつ人が満足できる生活とはどのようなものかを知るために数多くの研究が行なわれました<訳注5>。

　　<訳注5>
　　シーレーンの70年代の代表的著作
　　・『知的障害をもつ人の認識』（博士論文）
　　・『人間に対する全体的視点』（重度の知的障害をもつ人に関する著作）
　　　80年代にALAから発行された重度の知的障害をもつ人に関する研究書例
　　・『A段階の知能をもつ（＝重度の知的障害をもつ）大人について』1980年
　　・『重度の知的障害をもつ大人について』1983年など。

シーレーン氏談：
「ご存じのように、私たちの社会には能力主義思想が根を下ろしています。ルーテルも、ずいぶん悪い影響を及ぼしたものですね<訳注6>！　でも、人生で最も重要なのは『高い能力』ではないということが、だんだんとみんなにわかっていけば……そうすれば、重度の知的障害をもつ人たちが社会の中で成長していくということも可能になるでしょう。私たちは、今、非常に多くの知識をもっています。**知識は武器**です。そして、この武器を、知的障害をもつ人のための戦いに使わなくてはなりません」

　　<訳注6>
　　ルーテル（＝マルティン・ルター）は、16世紀の宗教改革者。北欧は、16世紀からルーテル派の布教が進み、福音ルーテル国教会がある。シーレーンは、ここで、「ルーテルの思想が能力主義をもたらした」と言いたかったようです。

インタヴューに答えるシーレーン氏。(1989年当時。5年後の1994年に没。撮影：C.Andén)

ＡＬＡの原動力―共同の精神／ＦＵＢコンタクト　1989年5号

　ＡＬＡ理事長イングリード・ダーレーン氏は、ＡＬＡの果たす役割の重要性は、今（1989年）も25年前も少しも変わっていないと考えています。「社会は今どんどん変わっています。社会のこの構造的な改革が、知的障害をもつ人にとってどのような意味をもつのかを常に検証することが必要です」と彼女は述べています。

　イングリード・ダーレーン氏によれば、ＡＬＡの使命は次のように言えるということです。すなわち、その使命は、「人とその生活環境との相互作用を明らかにし、このような研究に基づいて、知的障害をもつ人が、将来にわたって、満足のいく生活ができるようにすること」です。

　彼女は次のように述べています。

　「医学的研究と心理学的研究とは対照的だと思います。医者は、知的障害をたいてい病気とみなし、その治療を試みなくてはならないと考えます。これに対して、心理学者は、その人の発達を助けたいと思います。研究員たちの決定によって、ＡＬＡは、心理学と教育学の領域で研究を行なうことを目的とすることになっています」

心理学者シーレーンとFUB付属研究所ALA

＊現場に参加する研究員たち＊

　ＡＬＡの研究員たちは、それぞれ研究を行なっていますが、これに加えて、親・職員と関わるなど、現場への参加もよく行っています。
　イングリード・ダーレーン氏は次のように述べています。
　「各研究員が現場に参加していることが、ＡＬＡの原動力の一部となっていると思います。これによって、研究員たちは『共同の精神』を培うのですから」
　「ＡＬＡの研究報告と、他の所のものには大きな違いがあります。ＡＬＡの研究報告や小冊子は、それらを本当に必要とする利用者、すなわち親・職員にも読みやすく書かれています。短くて具体的で、また実際に役立つようなヒントがたくさん得られる内容になっています。かなり広く読まれているのもそのためです。昨年は、２万冊以上が発行されました」
　「ＡＬＡの小冊子は利用しやすいものになっています。それは、ＡＬＡが、知識提供プロジェクトに取り組んでほしいという依頼をかなり前に受け、これに応じて、研究から得た知識を多くの人にわかりやすく伝えることを始めたからです＜訳注7＞。ただ、小冊子は、このような目的でつくられているので、研究者になろうという人にはあまり役に立ちませんが……。ＡＬＡの研究員の多くは、今博士論文を書いているところです。これは、将来、ＡＬＡによい結果をもたらすでしょう。その人たちが博士号を取得すれば、ＡＬＡは、経済的後援者から高く評価されるようになりますから」

　＜訳注7＞
　本書の原書『ペーテルってどんな人？』シリーズも、このような目的で作成されたものです。

＊ＡＬＡはもっと利用できる＊

　ヨーランソン氏の代理で、ＡＬＡ臨時所長を務めるウッラブリット・ヤンソン氏は、ＡＬＡを、ＦＵＢ活動の中でもっと利用してほしいと考えています。そして、次のように述べています。

「実を言うと、FUB会員は、ALAの小冊子を注文したり、ALAが開く会議に出かけたりすることが他の人たちより少ないのです。私たちALAにはとても利用価値があるというのに。例えば、講習会や会議を計画する時には助言したり、講演者を送ったりすることができます」　以下略

6　ALAの役割

「満足できる生活」のための研究／FUBコンタクト　1985年1号

FUB付属研究所ALAは、これまでに、多くのプロジェクトに取り組んできました。現在は、7つが進行中です。ALAのプロジェクトの目的はどれもみな、「知的障害をもつ人の環境を少しでも良くすること」です。FUBコンタクト編集部は、ALAの所長、シャシュテン・ヨーランソン氏にインタヴューをしました。彼女、はストックホルムのALAで精力的に研究活動を行なっており、所内のあちこちの部屋で最もよく姿を見かける人のひとりです＜訳注8＞。

「私たちALAが作成した小冊子はよく売れています。FUB活動にはあまり利用されていませんが」とALAのバルコニーで語るヨーランソン氏（写真左）と秘書のアンデション氏（写真右）。撮影：C.Hallberg

＜訳注8＞　ヨーランソン氏は、このインタヴューから5年後の1990年にNHKの招きで来日し、講演を行ないました。本書『日本の読者の皆様へ』参照。

ALAのさまざまな研究プロジェクトに関わっているヨーランソン氏は、その目的を、「知的障害をもつ人がより生活がしやすくなるようにすること、そして、その生活ができる限り意味のあるものになるようにすること」と述べています。

ヨーランソン氏談：

「『いろいろな数値、円形グラフや複雑な表などを示そうと懸命に試みる』という意味では、私たちがしていることは"専門的"とは言えません。ＡＬＡの研究は実用的なものでなくてはならないのです。

ＡＬＡは、知的障害、知的障害をもつ人、その環境、知的障害をもつ人に関わる社会的な要因などについて知識を広めています」

「知的障害に関するさまざまな領域の重要性はみな同じである」という点を彼女は強調しています。

ヨーランソン氏談：

「知的障害をもつ人たちは、いわば、社会から隠されたグループです。しかし、私たちＡＬＡは、この数年間、重度の知的障害をもつ人についての研究に最も重点をおいてきましたし、知的障害をもつ人を取り巻く社会的状況の調査もより多く行なってきました。それ以前には、知的障害をもつ人の心理面の働きについての研究も深めました。そして現在は、「相互作用の要因」に取り組んでいます。これは、具体的に言えば、知的障害をもつ人は、さまざまな環境の中でどのような相互作用を行なうのか、さまざまな人とどう相互作用するのかといった問題です。私たちのこの研究によって、知的障害をもつ人の環境を変えることができるよう願っています」

＊社会的相互作用＊

ヨーランソン氏が現在博士号を取得したいと思っているテーマは、「相互作用」です＜訳注9＞。学位取得のために、彼女は、ストックホルムの教員養成大学心理学講師シーレーン氏のもとで、ちょうど今研究者教育を受け始めたところです。ＡＬＡで自分が進めている「相互作用」のプロジェクトを、ヨーランソン氏は、『低学年段階の障害児学級と普通学級における社会的相互作用』と呼んでいます。彼女は、このプロジェクトで次のような点を明らかにしていきたいと思っています。それは、「知的障害をもつ人を取り巻く

環境のさまざまな要因は、その相互作用にどのような影響を与えるのか」、「それぞれの人が、さまざまな集団の中で、どのように関わりあっているのか」ということです。例えば、「できる限り望ましい関わりをもち、順調に発達成長できるようにするには、カッレはどのような集団に属すべきか」、あるいは、「彼は、どのような方法で家族とコミュニケーションをするのか、そして、その方法でお互いに理解しあっているのか」などといった問題に取り組みたいと思っているのです。なお、「相互作用」には、この他に、次のような意味も含まれています。それは、「知的障害をもつ人は、援助手段（わかりやすい表示など物的な援助手段）によって、自立の可能性をどう高めていくことができるのか」ということ（物的環境との相互作用）です。例えば、（援助手段がないせいで）自分の身の回りの物や出来事を理解できないと（つまり、物的環境との相互作用ができないと）、カッレは自立を妨げられてしまいます。

　　＜訳注9＞
「相互作用」については本文第1部参照。1985年当時、シーレーンは、ＡＬＡ所長をヨーランソンに譲り、その理事となると共に、ストックホルムの教員養成大学で講師を務めていた。ヨーランソンが着手した博士論文は1995年に発表された。論文名は、『10　ヨーランソン代表的著作一覧』参照。

　ヨーランソン氏は、以前、ＦＵＢのオンブズパーソンを務めていました。その前は、臨時要員の心理士として援護に携わっていました。彼女は、臨床心理学、社会学、教育学を専門としており、これらの学士号をもっています。

　ヨーランソン氏談：
「『相互作用』の領域では、研究者が、自分の興味や研究活動を自分流で発展させていくことができます。というのは、例えば、家族、子供、大人、環境……といったように、これには数多くの要因がからんできますから」

　ＡＬＡでは、この他にもさまざまなプロジェクトが進行中です。その一つに、「わかりやすい新聞『8 SIDOR（オッタシードル＝8ページ）』の検証」

心理学者シーレンとFUB付属研究所ALA

があります。現在、全国に、八つの検証グループがつくられています。そして、この新聞の内容が、全体としてどの程度理解されているかに重点を置いて、各グループで調査が行なわれています。また、全グループ共通の記事をひとつ選び、読者、すなわち、知的障害をもつ人たちが、それからどの程度情報を得ることができるかという点も調べています＜訳注10＞。

ヨーランソン氏談：
「"8 SIDOR"は役に立つ新聞です。でも、改善しなくてはならない点がまだあります。検証グループはこの新聞にとても興味をもってくれているようです。ただし、ひとつのグループを除けば、という話ですが…。このグループでは、新聞というものにみな全く興味を示してくれませんでした。でも、このことには、とても興味深い要因がからんでいるとも言えます。おそらく、『ある特定の成育環境で育った』という点で、このグループは"等質"グループであろうと考えられるのです＜訳注10＞」

＜訳注10＞
8 SIDORは知的障害をもつ人だけでなく、移民や高齢者なども対象として1984年に創刊されました。現在では、知的障害をもつ人のために、FLERA SIDOR（4ページで構成）も発行されています。これは、8 SIDOR購読者に対して、毎月一回配達されます。写真左は、FLERA SIDOR 98年17号『どんな生活をしていますか』。写真右は、8 SIDORの検証報告をまとめた『Att skriva lätt= わかりやすい書き方』／ヨーランソン著／1985年。

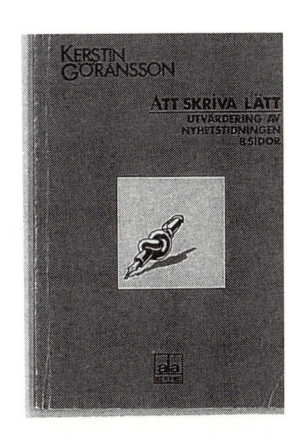

＊メガネをもっていない人が多い＊

8 SIDORと関連して、ヨーランソン氏へのインタヴューは、当然、「わかりやすさ」という問題にも及びました。

ヨーランソン氏談：
「『わかりやすい』ということは、『大きな字』『目が自然に次行に移るような行間の広さ』であると一般には考えられています。でも、内容が難しいものばかりだったら、そのようにしても、わかりやすくすることは全くできません。字を大きくしなくてはならないと一般には考えられていますが、実を言うと、知的障害をもつ人の多くにとって本当に必要なのはメガネではないでしょうか！　大きな字にすれば、確かに、読みやすくはなるでしょう。小さい字がびっしり並んでいると、読むのが面倒になりますし、当然、1ページに収める情報量は多くなりますから。ただ、『わかりやすさの要因』であると考えられている『字の大きさ、行間の広さ』などは、内容の難しさと関係がないことが多いのです」

ヨーランソン氏は、『『声の新聞』委員会」への報告書を作成していますが、この他にも、ジャーナリストやその他の執筆者向けの小冊子をつくりたいと思っています。その内容は、「わかりやすいということはどういうことなのか」、「知的障害をもつ人はどのようにして内容を理解するのか」というものです。

「相互作用」と「8 SIDOR」の他に、ＡＬＡでは、現在、五つのプロジェクトが進められているところです。それらは次のものです：
1．非言語コミュニケーション
2．援助手段と教授方法に関するデータベース
3．重複障害をもつ人たちの現状
4．自傷行為をする人たちへの対処
5．シーレーン氏によるプロジェクト『知的障害をもつ人の時間の認識』

＊報告書（プロジェクトの結果報告）が出されるまで＊

　新プロジェクトへの取り組みは、まず、研究費を出してもらいたいと思う団体に問題を提示することから始まります。新たなプロジェクトのアイデアは、多くの場合、その時進められているプロジェクトの中から生まれてきます。しかし、教育庁や障害研究所からの依頼を受けて始められるプロジェクトもかなりあります。

　ヨーランソン氏談：
「新プロジェクトに取り組む時には、まず、その領域全体を見渡し、同じテーマの以前の論文を読み、その領域に関係のあるさまざまな人たちと話をします。次に、細かい点に入って行き、問題点を洗い出します。その後で、参考文献研究と、関連する面接・観察データの収集にはいります。そして、これらのデータを含めて、すべてのデータを処理し終えると、やっと、報告書が書ける目処が立つのです」

　講演や会議の他に、ＡＬＡは、その存在を社会一般に知らせるような活動をあまりしていません。

　ヨーランソン氏談：
「残念ながら、そのような意味で私たちがしてきたことは図書館への働きかけだけです。これは、とても多くの収穫がありました。でも、マスメディアに対しても、もちろん、同じことをすべきだと思います」

　それでも、報告書はとてもよく売れています。特に買っていくのは、学校と援護の関係者です。

　ヨーランソン氏談：
「ところが、ＦＵＢは、私たちＡＬＡの小冊子をあまり利用してくれませ

ん。ＡＬＡはＦＵＢの付属研究所だというのに！」

　「ＡＬＡは、非常に注目すべき研究を行なっている」という認識を一般の人たちがもつようになったのは、ＡＬＡの前所長で心理学者のシーレーン氏が、「86年新援護法準備委員会」の一員となり、諮問を受けたからです。これによって、ＡＬＡは、入所施設の解体に大きな影響を与えることができました＜訳注11＞。また、この他に、次のような理由もあげられます。それは、知的障害児学校の現在の教育課程が、ＡＬＡの研究をもとにして作成されていること、そして、今回出される「訓練学校（知的障害児学校）教育課程改訂案」の作成にあたっては、ＡＬＡが、その諮問機関としての役割を果たしてきたということです。

　＜訳注11＞
　施設生活に関するシーレーンの代表的著作としては、次の二点があげられます。
　・『重度の知的障害者ベンクトにとって施設とは何か』（共著）　1977年
　・『知的障害をもつ人に与える施設生活の心理的影響』　1978年

7　alaの現在

ａｌａ－ＦＵＢ付属研究所／最新紹介パンフレット／1998年入手
　研究所ａｌａは、知的障害に関する研究を行なっています。この研究所は、その母体である知的障害協会（ＦＵＢ）によって1964年に設立されました。
　研究所の活動は、次の三つの領域に分けられます。
　　ＦｏＵ活動＜訳注12＞
　　出版活動
　　研修・相談活動
　＜訳注12＞
　ＦｏＵ活動とは、Forsknings och Utvecklingsverksamhetの略で、「研究、並びに、その結果に基づく発展的研究」活動（仮訳）の意味＞

心理学者シーレンとFUB付属研究所ALA

＊「個人」に焦点を合わせた活動＊

alaで行なわれているFoU活動の特徴は、知的機能障害をもつ「ひとりひとり」に焦点を合わせているという点です。言いかえれば、この活動の各プロジェクトでは、ひとりひとりについて、「その個性」、「環境との直接的相互作用」、さらに（あるいは）、「家族、デイセンターなど、その人を取り巻く現在の環境」が明らかにされるということです。

＊相互作用の視点＊

FoU活動の理論的背景となっているのは、「相互作用の視点（シーレーン理論）」です。この視点は、「人」、「環境」、「人と環境との相互作用」という要素で構成されています。これら三要素は、「相互依存関係」によって存在しています。すなわち、三つの間には、常に、「影響を与え、また与えられる」という関係が成立しているということです。従って、知的障害をもつ「ひとりひとり」を理解しようとすれば、それぞれの「個性」を知るだけなく、その「環境」と「環境との相互作用」をも知らなくてはなりません。

なお、以上のような「相互作用の視点」に基づけば、「人と環境との相互作用」には「段階」があると言えましょう。すなわち、これには、その人を取り巻く現在のさまざまな環境での「直接的相互作用」から、実生活から離れた文化的な物事との「かなり間接的な相互作用」に至るまでのいくつかの段階があると考えられます。

＊現場との連携＊

alaの活動の特徴は、「現場との密接な連携」にあります。
FoU活動のプロジェクトリーダーの多くは、知的機能障害をもつ人に直接関わる仕事をした経験をもっていますし、各プロジェクトでは、結果や経験を、親・職員が利用しやすい形の報告書にして刊行することが重視されて

います。また、alaは、知的障害をもつ人のための（本人用の）本や資料の発展に寄与してきました。さらに、国内や他の北欧の国々で行なわれる「両親・職員教育」に参加することもよくありますし、親やさまざまな職員グループを対象とした講座・研修会を独自に開くこともあります。以上に加えて、関係行政機関に対する取り組みも行ない、これらとの望ましい連携や協力の発展に努めています。

＊活動状況＊

過去5年間の「年平均」：
 ・FoU活動——11のさまざまなプロジェクト
 ・出版活動——報告書1万冊の販売
 ・研修・相談活動——計200回

＊活動資金＊

FoU活動は、それぞれのプロジェクトに対する、自治体・国、公的・私的基金からの補助金で賄われています。alaは、これ以外の経済的援助を受けていません。そのため、出版活動と研修・相談活動については、ala自身で資金を準備することになっています。

＊活動内容＊

FoU活動では、さまざまな対象グループと研究領域に取り組む努力が重ねられています。「相互作用の視点に基づく全体的理解」を理論的背景とした「知的障害に関する長期研究」——すなわちFoU活動——の基盤となっているのはこのような「多様性」です。これによって、対象グループと研究領域とを効果的に組み合わせたさまざまなプロジェクトがつくり出せるのです。以上の他に、FoU活動では、基礎研究プロジェクトと応用研究的なものとのバランスをとることにも努力が払われています。

FUB（知的障害協会）、行政機関、国内や他の国々の研究グループ・研究者との共同研究は、ＦｏＵ活動にとって重要な意味をもっています。ａｌａは、ストックホルム教員養成大学障害児教育研究所と、また、数年前から、アメリカのノースカロライナ大学フランク・ポーター・グラハム発達センターと共同で研究を行なっています。ａｌａの研究員たちは、国内・国外のほとんどのインターネットに参加しています。なお、ＦＵＢとの共同プロジェクトについては、「少なくとも年にひとつ」が目標となっています。

　ａｌａは、ＦｏＵ活動の結果が国内・国外に広く知られるよう努めています。そのため、研究員の一人あるいは何人かが、毎年、少なくともひとつは国際会議に参加し、研究発表をしています。これに加えて、国内の研究会議で、また、国際会議と国際的専門誌のそれぞれ（あるいはどちらか）で、各プロジェクトの結果を少なくとも一度は発表することも目標としています。ＦｏＵ活動に関する情報については、この他に、ＦＵＢ会報（ＦＵＢコンタクト）にも掲載されます。

　出版活動は、ａｌａで取り組まれたＦｏＵプロジェクトの報告をもとに行なわれています。現在までに、60以上にのぼるタイトルの報告書が出されています。ａｌａが努力している点は、ほとんどのプロジェクトの結果報告が、かなり専門的な報告書とその普及版との両方の形で入手できるようにするということです。

　ＦｏＵプロジェクトの結果は、研修・相談活動によっても多くの人に伝えられています。この活動の内容は、次のようなものです――（依頼を受けて行なう）講演、国内や他の北欧諸国における職員再教育、さまざまな職員グループに対する新人教育。これらの活動の他に、ａｌａは、あちこちの大学で、大学と共同して、単位履修講義（不定期）を行なっています。また、「少なくとも年一回」を目標に、ａｌａ独自の講座・研修会も開いています。

8　ＡＬＡ所長一覧

1964年～1968年　リッカード・パルメール
1968年～1980年　グンナル・シーレーン
1980年～1999年　シャシュティン・ヨーランソン

9　現所長ヨーランソン略歴

（ヨーランソン氏資料提供）

1955年生まれ
＜学位＞
ストックホルム大学にて取得
　1978年　学士号―臨床心理学、社会学、教育学
　1995年　博士号
＜職歴＞
1979年　心理士として援護に携わる。
1979年～1980年　ＦＵＢ（知的障害協会）オンブズパーソン
1980年～1999年　ＦＵＢ付属研究所ＡＬＡ所長
＊1990年　来日。ＮＨＫ厚生文化事業団創立30周年記念国際福祉シンポジウム「地域社会の中で主体的に生きるには」に招かれる。東京・大阪で、「スウェーデンの社会生活援助と自己決定」と題して講演。

10　ヨーランソン代表的著作一覧

（1997年版ａｌａ出版目録より）

◇**1982年**　『重度の知的障害をもつ大人について』（共著）

心理学者シーレンとFUB付属研究所ALA

『現実認識の発達』
『知的障害を理解するための親・職員用学習書』（共著）＜訳注13＞

＜訳注13＞
これは、本書の原書である6冊の小冊子『ペーテルってどんな人？』シリーズの正式名です。

◇1983年　『知的障害をもつ人に対する援助手段』（共著）
◇1984年　『ふたりの人』
　　　　　『知的障害とは』
　　　　　『以上の学習書を使用して学習会をする時の世話役用手引き書』
　　　　　（以上共著）尾添・山岡訳で出版予定＜訳注14＞

＜訳注14＞
『知的障害をもつ人の自己決定を支える—スウェーデン・ノーマリゼーションのあゆみ—』／柴田・尾添著／大揚社／1992年に部分訳を所収。

◇1985年　『わかりやすい書き方』
◇1995年　博士論文『似ているけれど、他の人たちの場合より似ている
　　　　　　　　　というわけではない—《知的障害》と《人間関
　　　　　　　　　係における相互作用》』＜訳注15＞

＜訳注15＞
この論文の題名は、1969年にノーベル文学賞を受けたサミュエル・ベケット作の小説『モロイ』からの引用です。邦訳『モロイ』では、以下のように訳されています。
「二人は似ていた、だがほかの連中よりというわけではなかった」
　（『モロイ』／サミュエル・ベケット作／安堂信也訳／白水社／1969年より）

＊その他
　（1997年版ala出版目録以外の中から）
◇1983年　講演録『障害の認識』＜訳注14＞

訳者あとがき

十年がかりの作業を終えて

訳者代表　尾添　和子

　この邦訳の原書『ペーテルってどんな人？』シリーズをスウェーデンからもち帰ったのは、1984年（出版の二年後）でした。英語版は、前年の1983年に、スウェーデンに研修に行かれたグループ（柴田洋弥さん、本間弘子さん他三人）がすでにもち帰られていました。

　80年代初め、スウェーデンのノーマリゼーションは新しい段階に入ったところでした。知的障害をもつ人の「自己決定」や、この人たちとの「共同参加・共同決定」といった「ノーマリゼーションの本質的な課題」への取り組みが始まっていたのです。そして、これらに最も早く（70年代から）取り組んできたFUBは、1980年の全国会議の決議に従って、1982年全国会議に、本人が、正会員として参加することを実現させていました。1983年に、日本からスウェーデンに研修に行かれたグループは、このような取り組みについて、FUBの関係者から直接話を聞き、さまざまな関連資料を多数もち帰られました。その中のひとつが、本書の英語版『ペーテルってどんな人？』のシリーズだったのです。

　このシリーズがもつ深い意味を知ったのは、翌年（1984年）、ストックホルムのＡＬＡで、原著者のヨーランソンさんにお会いした時でした。スウェーデンでは、「知的障害をもつ人をどう理解し、どう接するか」「本人が、自分の障害や自分自身をどう理解するか」という問題が非常に重視され、ノーマリゼーション実現（例えば、自己決定、共同参加・共同決定など）に深く関わっていること、そして、このシリーズは、障害をもつ人を理解するための重要な「親・職員用学習書」であることが、著者のお話をうかがってわか

訳者あとがき

ったのです。また、この時、本人が自分の障害を理解するための学習書『ふたりの人』・『知的障害とは』も、ヨーランソンさんたちによって書かれ、出版されたばかりであることを知り、これらも、このシリーズの原書とともにもち帰りました。

　スウェーデンでは、70年代後半から80年代前半に、「知的障害をもつ人に対する理解と接し方」や、「本人による障害の理解とアイデンティティの確立」についての取り組みが盛んに行なわれ、これらに関する資料や本も非常に多く出版されました（本書の原書の出版は1982年、「本人が自分の障害を理解するための学習書」の方は1984年）。例えば、心理学者シーレーンは、この時期にさまざまな著作をＡＬＡから出版し、知的障害をもつ人に対する理解に貢献しています。また、社会庁も、「人間としての尊厳（Integritet＝インテグリテート）」と、「知的障害をもつ人の自由と権利」に関する小冊子や広報パンフレットを発行しています（写真次ページ）。これらは社会庁知的障害部部長（行政上の最高責任者）グルーネヴァルド名で出されており、社会庁が、この思想を援護の中に根付かせようと努力している姿勢がうかがえます。そして、このような取り組みや出版が数多く行なわれた結果、80年代前半には、ノーマリゼーション実現の心理的基盤が築かれました。

社会庁発行の小冊子・広報パンフレット
①『尊厳と援護─知的障害をもつ成人と、その人間としての尊厳』1977年
② 英語版『人間としての尊厳─知的障害をもつ成人を尊重する』1987年＜訳注＊＞
③『知的障害者の自由と権利』1981年＜訳注＊＞
④『あなたの自由と権利』1982年＜訳注＊＞
＜訳注＊＞
　②の原書は1985年に発行されました。これは、二文字理明氏によって邦訳され、『人間としての尊厳』として1998年に出版されています。（本書『本文を読んでいただく前に』の注1参照）
　③、④の全訳は『知的障害をもつ人の自己決定を支える─スウェーデン・ノーマリゼーションのあゆみ─』／大揚社／1992年に所収。

70年代後半から80年代前半に出版されたさまざまな本や資料は、2000年の現在も重要な意味をもっています。例えば、シーレーンの著作も、社会庁発行の『人間としての尊厳（インテグリテート）』も、後に、援護関係者に広く読まれる『援護の手引き』に取り入れられ、現在も影響を与え続けています。また、「人間としての尊厳」という言葉は、86年新援護法、その改正である94年LSSに明記されました。つまり、80年代前半に形成された理念が、十数年の実践を経て、今、さまざまな結果となって現われているのです。その意味で、1982年に出版されたこの学習書も、スウェーデンの「現在の障害者観」を知るための重要な手がかりと言えましょう。

訳者あとがき

　『ペーテルってどんな人？』シリーズの最初の翻訳が終了したのは1990年でした。本書17頁の『日本の読者の皆様へ』の日付は90年12月となっています。この年、著者ヨーランソンさんが、ＮＨＫ厚生文化事業団創立30周年記念国際福祉シンポジウムで講演され、邦訳の出版のために帰国後これを書いてくださったのです。しかし、出版までには十年の年月がかかってしまいました。

　シーレーン理論やＡＬＡについてある程度の知識がなければ、このシリーズを訳すことができないということがわかったのは、最初の訳が終了した時でした。そこで、この点について調べながら、訳語の見直し始めましたが、これは非常に時間がかかる作業でした。また、原書は専門書としてではなく、親・職員用の学習書としてわかりやすく書かれていますので、邦訳もできる限り平易な表現にしようとしました。しかし、奥の深い内容を平易な日本語で表現するのはかなり難しく、何度も改訳することとなってしまいました。

　発達心理学者浜田寿美男さん（花園大学）に、第４部についてご指導いただき、また、田村エヴァさんに原文解釈を助けていただき、さらに、不明な点は、原著者ヨーランソンさんに説明していただきながら、やっと最終の訳にたどりつきました。三人の方々と、十年もの長い間待ってくださった大揚社の島崎和夫さんに深くお礼申しあげます。

　ＡＬＡの研究は、本人や親・職員への深い共感から生まれたものが多いと言っても過言ではないでしょう。この学習書もそのひとつです。このような意味で、監修も、本人との共感を大切にしながら実践なさっている下記の方々にお願いしました。
　監修：全国障害者生活支援研究会
　安藤真洋、岩崎隆彦、加藤啓一郎、金沢信一、小林博（監修代表）。
　この皆様のご助力によって、本書は、日本の現場でも利用できる学習書となりました。ここに深くお礼申し上げます。

　訳語・訳文について、読者の皆様のご意見やご教示をお待ちしております。

2000年10月

参考文献

新版　心理学事典／1981年／平凡社
発達心理学辞典／1995年／ミネルヴァ書房
図説　心理学入門／斉藤勇編／1988年／誠信書房
心理学のすすめ＜21世紀学問のすすめシリーズ4＞／佐々木正人編／
1990年／筑摩書房
生化学辞典　第2版／1990年／東京化学同人

原著者

シャシュティン・ヨーランソン（Kerstin Göransson）
　FUB付属研究所ALA所長

アンニカ・ヴァルグレン（Annika Wallgren）
　FUBオンブズパーソン＜注：70年代＞
　ALA研究員＜注：81年～84年＞

第3部は、以上の原著書の他に
ソルヴェーイ・バルイマン（Sorveig Bergman）
　看護婦、心理士＜注：共に執筆当時＞

挿絵

インゲヤード・エレッソン（Ingegerd Ellesson）

監修者

全国障害者生活支援研究会

監修者代表　小林　博（湘南あおぞら）
　　　　　　安藤真洋（デイセンター山びこ）
　　　　　　岩崎隆彦（淡路こども園）
　　　　　　加藤啓一郎（地域生活支援センター風の輪）
　　　　　　金沢信一（さつき学園）

翻訳者

尾添　和子（おぞえ　かずこ）
　翻訳家
　訳書・著書『知的障害をもつ人の自己決定を支える—スウェーデン・ノーマリゼーションのあゆみ』共著 / 大揚社 /1992年
　　　　　　『障害の自己認識と性』/ 大揚社 /1990年

山岡　一信（やまおか　かずのぶ）
　元科学警察研究所法科学第一部心理室室長

ペーテルってどんな人？

発行日　2000年11月21日　1刷発行
　　　　　　　＜検印廃止＞
訳　者　尾　添　和　子
　　　　山　岡　一　信
発行者　島　崎　和　夫

発行元　株式会社　大　揚　社
　　　　〒270-1108 千葉県我孫子市布佐平和台3－5－2
　　　　☎ 0471－69－2341　FAX 0471－89－1154
発売元　株式会社　星　雲　社
　　　　〒112-0012 東京都文京区大塚3－21－10
　　　　☎ 03－3947－1021　FAX 03－3947－1617

知的障害をもつ人の自己決定を支える

スウェーデン・ノーマリゼーションのあゆみ

柴田洋弥・尾添和子著　定価（本体2000円＋税）

障害の認識や参加と自己決定をどのように支えるかを、豊富な資料や写真で紹介

送200円

知的障害をもつ人のサービス支援をよくするハンドブック

中野敏子他訳　定価（本体2000円＋税）

知的障害者のグループメンバー、グループリーダー、コーディネーターのためのサービス支援を具体的に著わしたハンドブック

送200円

よくわかる知的障害者の人権と施設職員のあり方

阿部美樹雄編著　定価（本体2000円＋税）

現場の職員をはじめ施設は、この問題をどのように考え、取り組んだらよいのか

送200円

障害児と家族の暮らしを考える利用者主体の家族援助

中野敏子他著　定価（本体1800円＋税）

障害児と家族は、今、家族援助に何を求めているのか！新しい視点から家族援助を考える

送200円